U0575813

现代物流装备数智化应用

主　编　李　欣

副主编　吴　洁　蒋　宁　李晗骁

主　审　王　丰

中国财富出版社有限公司

图书在版编目（CIP）数据

现代物流装备数智化应用 / 李欣主编. -- 北京：中国财富出版社有限公司，2025. 2. -- ISBN 978-7-5047-8319-6

Ⅰ. F253.9

中国国家版本馆CIP数据核字第2025QD9039号

策划编辑	郑欣怡	责任编辑	郑欣怡	版权编辑	武 玥
责任印制	苟 宁	责任校对	杨小静	责任发行	敬 东

出版发行	中国财富出版社有限公司			
社　　址	北京市丰台区南四环西路188号5区20楼	邮政编码	100070	
电　　话	010-52227588 转 2098（发行部）	010-52227588 转 321（总编室）		
	010-52227566（24小时读者服务）	010-52227588 转 305（质检部）		
网　　址	http://www.cfpress.com.cn	排　　版	宝蕾元	
经　　销	新华书店	印　　刷	北京九州迅驰传媒文化有限公司	
书　　号	ISBN 978-7-5047-8319-6 / F·3771			
开　　本	787mm×1092mm 1/16	版　　次	2025 年4月第1版	
印　　张	13.5	印　　次	2025 年4月第1次印刷	
字　　数	280千字	定　　价	49.00 元	

前　言

随着新一代信息技术在物流活动中的深度融合应用，现代物流装备与技术正沿着数字化、智能化的方向不断创新突破，推动现代物流向以数字化、智能化为特点的智慧物流模式转变，现代物流已经进入智能化物流阶段。

本书着眼物品实体流动的全过程、全要素需求，以数智化赋能物流装备应用升级为目标，首先介绍物流技术概念，构建现代物流装备体系，重点反映现代物流装备的基本构成、主要特性及典型应用，系统建立现代物流装备知识结构。在此基础上，针对不同物流环节引入现代物流装备数智化应用的案例，通过典型物流装备数字化、智能化应用分析，帮助读者理解现代物流装备数智化应用的原理，初步形成现代物流装备数智化应用的能力。本书适用于本科层次物流管理、物流工程专业教学，也可供从事物流工作的相关人员参考。

本书共设计了六章内容，分别是绪论、物流运输装备数智化应用、装卸搬运装备数智化应用、仓储物流装备数智化应用、物流包装与集装装备数智化应用、流通加工与分拣装备数智化应用。全书由李欣担任主编，吴洁、蒋宁、李晗骁担任副主编，李欣负责整体结构设计，吴洁、蒋宁、李晗骁负责大纲和内容要点的确定。第一章由李欣编写，第二章由李欣、李晗骁编写，第三章由李欣、柴树峰、吴洁编写，第四章由李欣、俞汉生编写，第五章由陈小凡、吴洁、蒋宁编写，第六章由李欣编写。全书由李欣负责统稿，王丰负责审定。

编写过程中，兰剑智能科技有限公司、西安航天精密机电研究所等单位提供了大量案例资料，在此一并表示衷心感谢！

本书在编写过程中参考了大量文献资料，在此向相关作者表示感谢！如有遗漏，敬请谅解。由于作者水平有限，书中难免存在不妥之处，敬请读者批评指正。

李　欣

2024 年 11 月

目　录

第一章　绪　论

第二章　物流运输装备数智化应用

第三章　装卸搬运装备数智化应用

第四章　仓储物流装备数智化应用

第五章　物流包装与集装装备数智化应用

第六章　流通加工与分拣装备数智化应用

第一章 绪 论

 学习目标

1.了解物流技术的概念和发展现状。

2.熟悉现代物流装备的体系构成及发展趋势。

3.理解现代物流装备数智化应用的内涵和途径。

情景导入

2021年10月，国家主席习近平在第二届联合国全球可持续交通大会开幕式上的主旨讲话中强调"要大力发展智慧交通和智慧物流，推动大数据、互联网、人工智能、区块链等新技术与交通行业深度融合，使人享其行、物畅其流"。目前，物流业在我国经济发展中的地位愈加重要，发展日益快速，但也面临着商品种类数量愈加繁多、作业强度日渐增加、人力成本逐渐攀升、客户要求日益提高等现状，依托土地、人力等要素推动行业发展已遭遇瓶颈，数字化和智能化已经成为突破行业发展痛点的核心驱动力。随着新一代信息技术与物流业的深度融合，各项物流技术正沿着数字化、智能化的方向不断创新突破，推动传统物流模式向以数字化、智能化为特点的智慧物流模式转变，我国已经进入智能化物流阶段。

随着信息技术的飞速发展，现代物流正经历前所未有的变革，数字化、智能化、自动化等高新技术密集的特征越发明显，物流设施与装备的数智化赋能已成为现代物流发展的必然趋势，并成为现代物流的重要支撑。本章在介绍物流技术概念的基础上，建立现代物流装备架构体系，并对现代物流装备数智化应用的内涵进行解析。

第一节 物流技术概述

物流是指根据实际需要，将运输、储存、装卸、搬运、包装、流通加工、配送、信息处理等基本功能实施有机结合，使物品从供应地向接收地进行实体流动的过程。

物流活动离不开物流技术的支撑。

一、物流技术的概念

物流技术是指在物流活动中所采用的自然科学与社会科学方面的理论、方法以及设施、设备、装置与工艺的总称。从内容上看，物流技术包括物流作业活动所用到的各种基础设施、机械装备和器材工具，以及由科学知识和劳动经验总结发展而成的各种物流作业程序、作业技能和管理方法。

现代物流是一个综合系统，涉及生产和流通领域，涵盖运输、储存、装卸、搬运、包装、流通加工、配送、信息处理等作业环节。为了满足不同领域、不同对象的物流作业需求，需要开发先进实用的物流技术。随着物联网、大数据、云计算、人工智能等信息技术的发展及其在物流领域的应用，物流技术呈现数字化、智能化、绿色化趋势。

二、物流技术的分类

根据物流技术的不同属性，可以有不同的分类。

（一）按物流技术的形态分类

物流技术按技术形态可分为物流硬技术和物流软技术两类。

1.物流硬技术

物流硬技术是指构成物流系统的基础设施以及实现物流作业所运用的各种机械设备、工具及器材的总称。主要包括以下几种。

（1）基础设施。

基础设施主要包括铁路、公路、水路、航空、管道等运输线路及辅助设施，以及仓库、场站、港口、机场、物流中心等节点设施。

（2）载运工具。

载运工具主要包括汽车、铁路机车车辆、船舶、飞机、集装箱及其他集装器具。

（3）物流机械设备。

物流机械设备主要包括仓储设备、装卸搬运机械、包装机械、流通加工机械、计量设备等。

（4）信息处理设备。

信息处理设备主要包括信息采集、传输、存储、处理等使用的设备。

（5）器材。

器材主要包括包装材料、集装材料、加固材料等。

2.物流软技术

物流软技术是指物流活动中运用的各种作业方法、操作程序、管理方法等。主要包括以下几种。

（1）物流系统规划技术。

物流系统规划技术主要包括物流设施布局规划、物流系统仿真、物流系统优化等技术。其功用是对物流系统构成及装备配置进行统筹研究和系统设计。

（2）物流作业技术。

物流作业技术主要包括运输工具的使用、运输线路的确定、车辆的配载配装、库存管理，以及物流各种作业程序等技术。

（3）物流评价技术。

物流评价技术主要包括物流工作效率评价、物流系统经济效益评估、物流成本的核算等技术。

（二）按物流技术的门类分类

物流技术按门类可分为物流机械技术、物流信息技术、物流管理技术三类。

1.物流机械技术

物流机械技术主要包括各类物流作业机械涉及的相关技术，如运载车辆技术、装卸搬运机械技术、自动分拣设备技术等。

2.物流信息技术

物流信息技术主要包括物流信息处理所涉及的技术，如物流信息采集、传输、处理、共享等技术。

3.物流管理技术

物流管理技术主要包括物流管理中运用的各种技术，如物流任务规划、库存控制、运输线路优化等技术。

（三）按物流技术的功能分类

物流技术按其功能可分为运输技术、仓储技术、装卸搬运技术、包装技术、配送技术、流通加工技术、信息管理技术等。

物流技术是物流系统的有机组成部分，是提高物流作业效率的重要保证，是物流现代化的重要体现，是物流系统降本增效的重要支撑。物流技术的进步对推动物流发展具有重要意义。

三、智慧物流技术的新阶段

（一）现代物流技术的发展

从装卸搬运技术、仓储技术的发展看，早期的货物运输、储存、装卸、管理主要靠人工操作。随着科学技术和机械制造业的发展，人们开始采用传送带、工业输送机、叉车等机械设备来移动和搬运物料；用固定货架、可移动货架配合托盘和料箱存储物料。20世纪中期，相继出现的自动导引车（AGV）、自动货架、自动存储机器人、自动识别和自动分拣设备，使装卸搬运技术趋向自动化。20世纪70年代，旋转式货架、移动式货架、巷道式堆垛机等设备的自动控制初步实现，并逐渐应用于生产和流通领域的物流系统中，大大提高了物流的效率。20世纪80年代以来，大型起重机、自动输送机、自动分拣设备、自动上下料机械、智能型装卸堆垛机器人等物流机械设备的发展，以及由它们构成的自动化仓库系统的应用，提高了物流装卸搬运技术和仓储技术的协调性、自动化、智能化程度，极大地推进了世界各国物流业的迅速发展。

从运输技术来看，公路运输技术、铁路运输技术、水路运输技术、航空运输技术、管道运输技术都有了很大的发展，各种专用车辆的种类和数量不断增加，适应了物流运输的需要。进入21世纪，随着经济全球一体化进程加快、科学技术水平不断提高以及物流被广泛认为是企业的"第三利润源泉"，物流的发展得到了空前的重视，一些发达国家十分注重物流技术的研发、改革和整合，物流技术有了较快的提高。国外物流企业的技术装备已达到较高的水平。目前已形成了以系统技术为核心，以信息技术、运输技术、配送技术、装卸搬运技术、自动化仓储技术、包装技术为支撑的现代化物流装备技术格局。现代物流技术将进一步向集成化、信息化、自动化、标准化、智能化、柔性化、绿色化方向发展。

（二）智慧物流主要特征

智慧物流是将大数据、人工智能、物联网及云计算等高新技术与现代物流充分融合形成的新物流体系。在运行特征、保障特点、运行模式、管理模式以及业务流程上，与传统物流存在着较大的区别，主要呈现以下特征。

1.智能化

物流的智能化水平正在逐步提升，越来越多的高新技术应用于现代物流的智能化发展中，实时物流信息共享、无人机配送、无人驾驶汽车、无人自动分拣系统也已投入使用，现代物流将会越来越智能化，未来的物流一定是智能化的现代物流。

2.数字化

数字化时代的到来为物流智慧化提供了技术支撑，智慧物流系统数字化能够提高物流效率，通过网络对货物进行精准定位，根据用户要求进行精准的物资供应保障服务。

3.协同一体化

智慧物流通过全要素全过程的信息感知和信息共享，实现物流全要素及相关要素的协同，基于全局优化的智能算法，调度整个物流系统中各参与方高效分工协作，提高物流各个环节的时间及空间效率。

（三）智慧物流的关键技术

1.智慧物流信息化技术

智慧物流具有先进的信息化技术，可以获取关键技术以及网络处理模式，实现数据的全面增强。在信息获取环节，智慧物流技术基于RFID技术，可以完成无线信号的识别以及相关数据的读取，加强各个环节时间的连接。在信息传输环节，可以根据物联网以及区块链技术完成融合创新。在数据处理方面，对数据进行全面评估非常重要，通过大数据技术，可以根据物流的整体运行情况完成评估，对机构时效性以及整体运营系统实现有效测量，完成浏览、储存、建模、预测等功能。

2.智能化物流装备技术

智慧物流在运作流程里，对储存、包装、搬运、分拣、配送等装备完成信息化技术采集，可以实现大数据的融合。通过使用相关技术设备，如自动化包装成型装置、自动分拣输送系统、无人机以及无人车等智能配送设备，可以减少人工工作量，提升整体作业效率。

3.智慧物流系统集成技术

在智慧物流中，系统集成技术可以完成数据的整合、推送以及储存。如云物流平台可以提供单一物流无法提供的资源模式，根据数据、业务等功能实现资金流、信息流的高效融合，脱离单纯货物运输的本质。智慧物流装备呈现软件与硬件融合的发展趋势，硬件中的软件作用越来越大，特殊装备中的软件创新已经占据了主导作用，智能自动化仓库集成系统、仓库执行系统（WES）等越来越重要；物流机器人从过去的自动导引车向自主移动机器人（AMR）进化，其调度控制、自主导航、自动执行能力越来越强。

总之，近年来大数据、物联网、云计算、机器人、AR/VR、区块链等新技术驱动物流在模块化、自动化、信息化等方向持续、快速进步。这些新技术驱动现代物流向以下三个方面发展变化：一是感应，使物流整个场景数字化；二是互联，使供应链内的所有元素相互连接；三是智能，供应链相关的决策将更加自主、智能。

第二节　现代物流装备体系构成与数智化应用

现代物流装备是现代物流活动中所采用的各类设备、器具的总称，是物流技术的主要组成部分之一。

一、物流装备作用及发展趋势

现代物流技术是在物流发展过程中，通过不断融合吸收相关技术而形成的一个综合技术群，具有很强的包容性。现代物流涉及运输、储存、装卸、搬运、包装、流通加工、配送以及信息处理等诸环节的技术和经济活动，物流场景复杂、变量多样、不确定性因素多，物流技术也具有很高的复杂性。从技术形态角度讲，物流装备属于物流"硬技术"，随着现代信息技术和自动控制技术的不断融入，其数字化、智能化、自动化特征越来越明显。物流装备在现代物流活动中发挥着重要作用。

现代物流装备是现代物流系统的重要组成部分，在科学技术日新月异的今天，现代物流正逐步从数量规模型向质量效益型、从人力密集型向科技密集型转变，传统作业方式不断被自动化、智能化、无人化的作业模式所取代，新的物流装备不断涌现，显示了现代物流的发展水平。

现代物流装备是现代物流生存和发展的物质基础，也是物流活动的直接载体，是达成物流目标的"生产力"，物流装备的使用为现代物流作业提供了技术支撑，大大提高了物流作业效率，促进了物流管理水平的提高。

现代物流的发展迫切需要先进物流装备与技术的支撑，并不断催生新的物流装备与技术。现代物流装备的发展呈现以下趋势。

1.大型化和高速化

大型化和高速化是实现物流规模效应，满足基础性物流需求量大、连续、平稳运行的基本手段。大型化是指物流装备的容量、规模和能力越来越大，高速化是指物流装备的运转速度、运行速度、识别速度、运算速度越来越高。如油轮最大载重量可达56.3万吨，铁路货运中出现了装载71.6万吨矿石的列车，载重量超过50t的载货汽车也已研制出来，正在研制的货机最大可载300t，一次可装载30个40英尺的标准集装箱，管道运输的管道直径最大已达1220mm，我国高速铁路建设已进入快速发展阶段，列车时速已达到350km/h。高速公路正以每年8000km的建设速度延伸。运输装备的大型化可以弥补自身速度难以提高的缺陷，提高运输速度一直是各种运输方式发展的努力方向。

2. 实用化和轻型化

物流作业场景复杂、工作频繁，物流装备用途广、配置数量较多，因此，物流装备应好用，易维护、易操作，具有耐久性、无故障性和良好的经济性，以及较高的安全性、可靠性和环保性。同时，应简化结构、减小外形尺寸、降低造价，减少物流装备运行成本，提高物流综合效益。

3. 专用化和通用化

随着物流的多样性发展，物流装备的种类越来越多且不断更新。物流活动的系统性、一致性、经济性、机动性、快速性，要求物流装备向专用化、通用化和标准化方向发展。

物流装备专用化是提高物流效率的基础，包括物流装备的专用化和物流作业方式的专用化。物流装备通用化和标准化不仅为物流系统供应链保持高效率提供了基本保证，还可以实现物流作业的快速转换，极大提高了物流作业效率，标准集装箱、标准托盘的应用为此提供了发展的可能性。

4. 自动化和智能化

通过机械技术和信息技术相结合，将先进的微电子技术、传感器技术、无线通信传输技术、智能控制技术应用到物流装备的驱动和控制系统，实现物流装备的自动化和智能化将是今后的发展方向。自动化立体仓库系统、智能搬运机器人、公路运输智能交通系统（ITS）的开发和应用已引起广泛重视，卫星导航定位、物联网及大数据等高新技术融合的物流车辆管理技术正在逐渐被应用。

5. 成套化和系统化

物流系统装备的成套化、系统化，是确保物流系统有效、经济运行的必然要求。在物流装备单机自动化的基础上，将各种物流装备集成为一个有机系统，实现不同物流装备的集中控制、协调配合、最佳匹配，具有广阔发展前景，工厂生产搬运自动化系统、货物配送集散系统、集装箱装卸搬运系统、货物自动分拣与搬运系统等将不断得到发展。

6. 低碳化和绿色化

低碳化和绿色化就是要努力降低物流装备能源消耗和保障成本，一是采用先进的节能技术和环保材料；二是采用新原理和新型动力，降低装备能源消耗量；三是更加有效地利用各类净化技术能源，减少排放污染。

二、现代物流装备体系构成

现代物流装备的分类方法很多，按照装备的智能化程度，可分为智能物流装备和非智能物流装备。智能物流设备是指集成和应用信息技术和智能技术，具有感知、分析、决策、自主控制和执行功能的物流设备，是目前物流装备的发展前沿。按照物流主要作业环节所需装备进行分类，现代物流装备可分为物流运输装备、装卸搬运装备、仓储物流装备、物流包装与集装装备、流通加工与分拣装备和物流信息化设备等。

1. 物流运输装备

物流运输装备是指用于较长距离运输货物的装备。根据运输方式不同，物流运输装备可分为公路运输装备、铁路运输装备、水路运输装备、航空运输装备、管道运输装备等。

2. 装卸搬运装备

装卸搬运装备是指用于升降、装卸搬运货物和实现短距离输送的机械装备，主要有桥式起重机、龙门起重机、电动葫芦起重机等起重机械，叉车、自动导引车、牵引车等机动工业车辆，以及输送机械等。

3. 仓储物流装备

仓储物流装备是指仓库进行物资入库、储存、出库作业以及仓储计量、仓库养护和仓库安全所必需的各种装备的总称。仓储物流装备覆盖面较广，为避免与其他物流装备交叉，本书重点介绍仓储物流设施、仓储货架、自动化立体库系统三类仓储物流装备。

4. 物流包装与集装装备

物流包装与集装装备是包装机械和集装器具的总称。包装机械用于对物品进行包装作业，常见的包装机械有充填机械、灌装机械、捆扎机械、裹包机械、贴标机械、清洗机械、干燥机械、杀菌机械、集装机械等。集装器具主要包括托盘、集装箱和其他集装设备等。应用集装器具对货物进行组合包装后，可提高货物的活性，使货物随时处于准备流动的状态，实现储存、装卸、搬运、运输、包装一体化，实现物流作业机械化、标准化。

5. 流通加工与分拣装备

流通加工是指根据用户的需要，在流通过程中对物品进行的包装、分割、计量、分拣、贴标签、拴标签、组装等加工活动。流通加工装备是实施流通加工作业活动所需各类装备的总称。其中，包装所需装备已经在上文介绍，不再重述。分拣装备是在分拣作业中将用户订的货物从保管处取出，按用户需求分类集中、处理、放置所需各类设备的总称。随着现代信息技术的发展，各种电子导引分拣系统纷纷出现，各种全自动的分类分拣装备被普遍应用。

6. 物流信息化设备

物流信息化设备主要包括物流信息标识、采集、传输、处理等技术设备。由于市面上有专门的书籍介绍物流信息技术与设备，本书对物流信息化设备内容不作具体叙述。

综上，现代物流装备体系架构如图1-1所示。

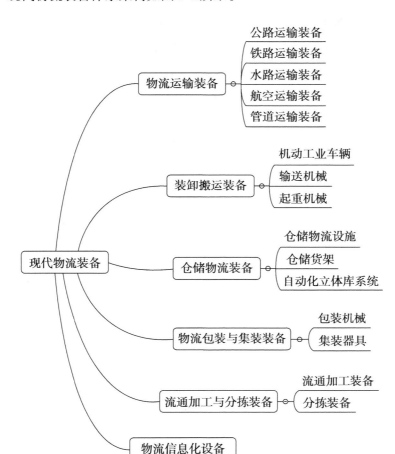

图1-1　现代物流装备体系架构

三、现代物流装备数智化应用的内涵

（一）信息化、数字化、智能化和数智化辨析

1.信息化

在百度百科中，信息化的定义为：信息化代表了一种信息技术被高度应用，信息资源被高度共享，从而使人的智能潜力以及社会物质资源潜力被充分发挥，个人行为、组织决策和社会运行趋于合理化的理想状态。

2.数字化

在探索计算机辅助人文研究的过程中，探索了"社会数字化"的社会应用。此后，对于数字化的研究主要聚焦对社会结构、形态的影响和作用，数字化已广泛地指代通过数字通信和媒介基础设施塑造社会生活的许多不同领域的过程。数字化反映的不是一种事务或状态，而是做事的方法，或者说是使用数字技术和数字数据来影响工作方式，改变人和组织参与及互动的方式，并创造新的数字状态。麦肯锡公司的卡雷尔·多纳和大卫·埃尔曼对于数字化的含义指出，数字化反映了新的领域和核心业务上的价值创造，并确立基础性的数字能力。当前人们对数字化的含义有了更深的理解，数字化包含了信息化，数字化对于信息化存在着递进、演化的逻辑，信息化是数字化过程的一部分。综上可以看出，数字化是通过数据信息为组织服务，是使用数字技术和数据创造价值、改善业务并创建以数据为核心的数字文化，它将流程转换为更高效、更具生产力、更能创造价值的过程。

3. 智能化

在百度百科中，"智能"是智力和能力的总称。按照著名教育心理学家霍华德·加德纳多元智能理论，人的智能可分为7个类别，有语言、逻辑、空间、肢体运作、音乐、人际和内省。而智能的本质就是一个综合了多种能力，能够有效适应不同环境中各种任务的综合性系统。如今，随着计算机技术的发展和网络技术的普及，"智能化"这一概念已经开始进入我们的视野。所谓"智能化"，就是事物以计算机网络、大数据、物联网和人工智能为支撑，拥有能够满足人类多方面需要的能力。智能化是信息化向数字化转型过程中的一个重要目标，而要达到这一目标所要解决的中心问题就是任何机器间的相互关系：充分完整的信息、人与自然自由互动的语义智能、成为人机合一的世界。

4. 数智化

数智化是数字化与智能化的融合，既包括对数据的深度挖掘和分析，又具备智能化的决策和执行能力。数智化强调数据驱动的智能决策，通过大量数据的分析和挖掘，发现潜在的规律和趋势，为用户提供更加精准的决策支持。

（二）现代物流装备数智化应用的内涵分析

现代物流装备数智化应用，是指现代物流装备的系统集成应用，即通过提供设计方案，规范软件接口，使各类物流设施、设备、软件等组合起来，形成一个有机的完整的系统，完成用户提出的特定目标。

现代物流装备数智化应用的前提是物流装备的数智化，即通过选用智能物流装备，或者依托数字化、智能化技术对现有物流设施设备进行数字化升级改造，实现物流数据的自动采集、实时传输和各场景态势的感知。

1. 物流设施数智化改造

物流设施数智化改造主要是指利用物联网技术对现有物流基础设施进行数智化改造，实现物流基础设施的物联化连接，实现物流数据的自动、实时采集，为物流大数据的建设打下基础。如采取巷道式、密集存储式和自动化存取式等货架形式，对传统的地面库房、洞库等进行改造建设，达到提高收发作业效率、减轻人员劳动强度、改善储存条件的目的。

2. 物流装备数智化改造

物流装备数智化改造主要通过传感器、电子标签、物联网关、边缘计算等技术的使用，加强设备的识别和数据汇聚，将得到的物流数据传递给其他设备信息控制系统进行汇总，实现物流作业自动化。如在作业叉车上，加装 RFID（射频识别）车载终端识读设备，实现作业过程中的托盘物资识别、作业人员和作业设备智能化调度；在配送车辆上加装基于北斗卫星的行驶记录仪、有源 RFID 标签等设备，实现物资、车辆在途可视；在库房货架上安装电子标识，提示引导操作手完成作业，减轻人员疲劳度。

3. 自动化智能化物流设施设备选配

自动化智能化物流设施设备选配就是配备立体库自动作业系统、集装配载作业系统、标准集装箱和托盘、智能包装机械、物资集装化装卸设备、集装箱运输车、整装整卸车、无人智能化设备等，为自动化作业、集装化运输、信息化管理和智能化决策提供手段支撑。

 **知识拓展**

人工智能物联网技术

AIoT（人工智能物联网）是人工智能与物联网在实际应用中的落地融合，通过物联网（IoT）采集不同维度的海量数据，存储于云端、边缘端，再通过大数据分析，以及更高形式的人工智能，实现万物数据化、万物智联化，形成一个智能化生态体系。

AIoT 技术层面可分为感知层、传输层、平台层和应用层。

（1）感知层为 AIoT 的基础部件，包括 RFID、传感器、摄像头、车载雷达、AI 算法等，主要用于信息获取。

（2）传输层是 AIoT 进行信息传输的网络通道，主要包括局域网、低功耗广域网、蜂窝网等无线通信。

（3）平台层是各种信息汇集处理的云平台，包括底层支撑平台、连接管理平台、解决方案平台等。

（4）应用层是 AIoT 的主要赋能终端，包括智慧城市、智能工业、智能家居等。

AIoT 技术的发展是一个渐进的过程，其发展历程分为单机智能、互联智能和主动智能三个阶段。

（1）单机智能阶段，物联设备之间的联系较弱，人工智能技术更多体现在用户与设备之间，且往往需要由用户发起交互需求。在这种情境下，单机系统需要精确感知、识别和理解用户的各类指令，比如语音及手势等，并进行正确的决策、执行以及反馈。单机智能改善了单个设备的用户体验，提升了具体场景下特定设备的智能化水平。目前AIoT技术的发展进程正处于这一阶段。

（2）互联智能阶段，AIoT通过"一个大脑，多个终端"的模式构建起互联互通的设备矩阵，使设备之间的联系大为加强。在该阶段，通过智能化的"大脑"和系统网络，不同设备之间可实现数据及其价值挖掘的共享，进而使每个设备的智能化水平进一步提升，克服单机智能阶段每个设备的数据和服务"孤岛"，打造出系统化的智能场景。AIoT真正的目标是实现自动化与智能化。

（3）主动智能阶段，AIoT进一步发展，主要体现在自学习、自适应和主动服务能力等方面。在该阶段，AIoT在互联智能的基础上，借助强大的数据感知、信息共享和计算能力，通过对用户行为偏好、用户画像、环境等各类信息的持续感知和学习，形成自主决策、自主执行、持续优化、主动服务的高度智能化能力。AIoT主动智能的目标是把AI与IoT各自的优势最大化地表现出来，真正做到改变人们的生活。

资料来源：《中国物流技术发展报告（2021）》

✏️ **复习思考题**

1. 如何理解物流技术的概念和功用？
2. 智能物流新阶段呈现哪些特征？
3. 如何理解智能物流的关键技术？
4. 如何理解现代物流装备的地位作用？
5. 现代物流装备体系结构是怎样的？
6. 智能物流装备具有哪些特点？
7. 现代物流装备的发展趋势是什么？
8. 如何理解现代物流装备数智化应用的内涵？

第二章　物流运输装备数智化应用

📍 学习目标

1.了解公路、铁路、水路、航空等运输基础设施的构成。

2.掌握物流运输装备的种类结构、技术特点及适用范围，可以合理选用物流运输装备。

3.理解物流运输装备数智化应用的原理，初步形成实现物流运输装备数智化应用的能力。

🔍 情景导入

某钢厂物流运输场景为宽厚板成品钢从厂区到港口的短倒运输，运输场景不封闭，运输路径上涉及龙门吊、岸桥吊、码头和仓库等区域，涵盖人车等各类交通参与者，路况环境复杂。为解决上述问题，该厂采用自研的L4级智能电动重卡，开展"新能源重卡＋自动驾驶＋全链数字化平台＋换电站"的一体化建设及商业化示范应用。

首先，借助综合性的感知融合方案及高精度场景还原重构等技术，保证车辆稳定连续控制，通过前视、环视和激光雷达感知融合方案，进行定制化感知部署，确保精确稳定感知交通要素。其次，考虑到厂区运营路线上卫星信号被两边高楼、树木和钢铁管路遮挡的影响，在定位方面，利用激光感知手段对遮挡区域进行离线点云模板地图构建，实现高精度场景还原重构，基于实时点云匹配，保证车辆在装卸箱作业时精准对位，提高一次装卸箱的作业效率。支持混行场景下7×24小时自动驾驶作业，确保车辆在全天候各种真实的环境中均能做到精准识别、精确控制。从厂区至港口，通过对智能自动驾驶电动重卡的全链条统一路径规划，可有效减少物流车辆的无效行驶，降低物流企业运输成本，为钢铁生产企业园区提供高效、安全和经济的常态运输服务。

千条万条，运输是第一条。运输是人类社会的基本活动之一，也是现代社会经济活动中不可缺少的重要内容，在物资流通和供给保障中起着重要作用。物流运输装备是支撑物流运输与配送的物质基础，其技术发展和数智化水平决定了物流运输与配送的服务质量和效能。本章在介绍物流运输技术概念的基础上，梳理物流运输装备体系构成，通过典型物流运输装备数智化应用案例，对物流运输装备的数智化应用属性特征进行分析。

第一节　物流运输技术基础

运输是现代物流活动两大核心要素之一，根据运输对象的不同，运输可分为客运和货运，前者对象是人，后者对象是物，物流运输就是指对货物的运输。本书主要研究物流运输。

一、物流运输

物流运输是利用载运工具、运输基础设施及人力等运力资源，使物品在较大空间上产生位置移动的活动。物流运输承担了改变物品空间状态的主要任务，是改变物品空间状态的主要手段。其主要目的就是要以最少的时间、合理的费用和环境资源成本，将物品从原产地转移到规定地点。物流运输活动主要包括集货、搬运、中转、装入、卸下、分散等一系列操作，涉及运输基础设施、载运工具、操作流程与方法等技术内容。

运输不同于搬运，运输是在不同地域范围间（如城市之间、工厂之间等）对物品进行的空间位置移动，是较大空间范围的活动，而搬运一般是在同一区域范围内（如工厂、仓库、场站等）对物品的移动，活动范围较小。

物流运输具有物品空间移动和临时储存两大功能。利用运输工具对物品进行临时储存是一种特殊的运输功能，这个功能往往不被关注。在物流运输过程中，有时需要将运输中的物品进行短时间（1~3天）的储存而后又将重新运输，如果将物品从车上卸下来储存，继续运输时再将物品装上去，由此产生的成本可能高于储存在运输工具上的费用。因此，在短时间内，利用运输车辆临时储存物品是一种可行的选择。"以车代库"形式就是将运输车辆作为一种临时的、可移动的储存设施，其机动性高，易于储运转换，但储量有限。尽管将运输车辆临时作为储存设施成本较高，但在临时储存和应急保障活动中，已经成为一种常态运用。

二、物流运输系统

物流运输系统是由公路运输、铁路运输、水路运输、航空运输、管道运输五种方式构成的一个综合系统，包含公路、铁路、水路、航空、管道五个运输子系统。各运输子系统分别由不同的要素组成，依据要素的功能属性，通常包括载运工具、线路、场站、交通控制与管理系统以及运输对象等。

1. 载运工具

载运工具的功能是容纳与承载被运送的货物，常用的有汽车、火车、轮船、飞机、管道等。有的载运工具与动力完全分离，如铁路车辆、水运驳船、集装箱拖车等；有的则与动力同体，如汽车、飞机、轮船等。

2. 线路

线路是运输系统中连接运输始发地、到达地，供载运工具安全、便捷运行的路线，是运输基础设施的重要组成部分。某些线路是自然形成的，如空运航线及水运的江河湖泊、海洋的航路；大多数线路则是人工修建的专门设施，如铁路、公路、运河、管道等。

3. 场站

场站是指载运工具出发、经过和到达，为载运工具到发停留，货物集散装卸，货运待运服务，载运工具维修、管理，驾驶人员休息，以及运输过程中转连接等的场所，包括火车站、汽车站、机场、港口、物流中心等。

4. 交通控制与管理系统

交通控制与管理系统包括各种交通信号、交通标志、交通规则等，是为了保证载运工具在线路上和场站内的安全、有效运行而制定的规则及设置的各种监控、管理装置和设施。

5. 运输对象

物流运输的对象就是各种货物，也称物品、物资、商品等。

三、物流运输方式

按运输设施和载运工具的不同，物流运输可分为以下五种方式。

1. 铁路运输

铁路运输是使用铁路列车运送货物的一种运输方式。主要承担长距离、大批量的货物运输，是在陆上运输中起主力作用的运输方式。

2. 公路运输

公路运输是使用汽车或其他车辆在公路上运送货物的一种运输方式，具有较强的灵活性，在中短途运输中作用突出。

3. 水路运输

水路运输是利用船舶或其他水运工具运送货物的一种运输方式。主要承担大批量、长距离的货物运输，依赖水运航道，时效性不太强，是在远洋运输中起主力作用的运输方式。

4.航空运输

航空运输是使用飞机或其他航空器运送货物的一种运输方式，运输成本高，适合于承担各大城市之间的、国与国之间的，对时效性要求高和昂贵、精密、急需货物的运输。

5.管道运输

管道运输是利用管道输送气体、液体和粉状固体的一种运输方式。管道运输是利用由大型管道、泵站和加压设备等组成的运输系统，靠物体在管道内顺着压力方向顺序移动实现的，和其他运输方式的区别是管道设备静止不动。

四、物流运输组织方法

（一）按运输区域范围分类

1.干线运输

干线运输是利用铁路、公路的干线以及大型船舶，在相对固定线路进行的长距离、大批量货物运输组织形式，是进行货物远距离空间位置转移的运输。干线运输较同种运输方式的其他运输组织形式速度快、成本低，是运输的主体。

2.支线运输

支线运输是与运输干线相接的分支线路上的货物运输组织形式，是干线运输与收、发货地点之间的补充运输，里程较短，运输量相对较小。

3.二次运输

二次运输是干线、支线运输到站后，站与仓库或指定接货地点之间的货物运输组织形式，是一种补充性的货物运输，路程较短，运量较小。

（二）按运输的作用分类

1.集货运输

集货运输是指将分散的货物汇集起来集中运输的一种运输组织形式，一般是短距离、小批量的运输。

2.配送运输

配送运输是指配送中心将已按用户要求配好的货物分送给各个用户的一种运输组织形式。一般是较小批量、较短距离、运送次数多的运输。

（三）按运输的协作程度分类

1.一般运输

一般运输是一种只采取同种运输工具，没有形成有机协作关系的一种运输组织形式。

2.联合运输

联合运输简称联运，使用统一运送凭证，由不同运输方式或不同运输企业进行有机衔接来接运货物，利用各种运输手段的优势，充分发挥不同运输工具效率的一种综合运输组织形式。

（四）按运输中途是否换载分类

1.直达运输

直达运输是货物由发运地到接收地，采用同一种运输方式、中途不需要换装和在储存场所停滞的一种运输组织形式。利用直达运输可以缩短运输距离，减少中间环节，加速货物流转，减少货物损耗，节约运力，降低运输成本。

2.中转运输

中转运输是货物由生产地运达最终使用地过程中，需经过一次以上落地并换装的一种运输组织形式。通过中转，可以有效地衔接干线、支线运输，可以化整为零或集零为整，方便用户，提高运输效率；也可以发挥不同运输工具在不同区间上的优势，降本增效，有时还可加快运输速度。中转运输换载时会出现低速度、高货损、增加费用支出等问题。

第二节　物流运输设施与装备

物流运输设施与装备是实现物流运输的物质基础和技术保证，不同的运输方式，需要不同的基础设施和装备。

一、铁路运输设施与装备

铁路运输是以铁路线路为运输通道，以机车牵引车辆运行的运输形式。

（一）铁路运输设施

铁路运输设施包括铁路线路、铁路车站和铁路站台等。

1.铁路线路

（1）铁路线路构成。

铁路线路是铁路运输所需修建的固定路线，是机车车辆运行的基础，通常是由路基、桥隧建筑物和轨道组成的整体工程结构。

路基是铁路线路的基础，是为满足轨道铺设和运营条件而修建的土工构筑物。它直接承受上部轨道的重量和轨道传来的机车车辆的压力，并传递到大地。路基必须填筑坚实，经常保持干燥、稳固和完好状态，并保证路基面的平顺，使机车车辆能在允许的弹性变形范围内，平稳安全运行。

桥隧建筑物是当铁路线路要通过江河、溪沟、谷地以及山岭等天然屏障，或要跨越公路、铁路时，需要修建的建筑物，主要包括桥梁、隧道、涵洞等。

轨道是铺设在路基之上，起机车车辆运行导向作用，由钢轨、轨枕、联结零件、道床、防爬设备和道岔等组成的整体性工程结构。钢轨需直接承受车轮的压力并引导车轮运行，其断面形状一般为"工"字形，以获得最佳的抗弯性能。我国钢轨类型以单位长度的钢轨质量来表示，现行的标准钢轨有75kg/m、60kg/m、50kg/m三种。轨枕用于支承钢轨，并将钢轨传来的压力传递给道床，同时保持钢轨位置和轨距。轨枕有钢筋混凝土枕和木枕两种。联结零件包括接头联结零件和中间联结零件。道床是指铺设在路基面上的石渣（道）垫层，主要作用是支撑轨枕并把轨枕上部的压力均匀传递给路基，防止轨枕纵向或横向移动，缓和机车车辆对钢轨的冲击，我国铁路一般都采用碎石道床。防爬设备是防止钢轨或轨枕纵向移动（轨道爬行）而设置的防爬器和防爬撑。道岔是使机车车辆从一股道转入另一股道的线路连接设备，常见的有单开道岔、双开道岔、三开道岔和交叉道岔等。

（2）铁路线路类型。

我国《铁路技术管理规程》规定，铁路线路分为正线、站线、段管线、岔线及特别用途线。正线是指连接车站并贯穿或直股伸入车站的线路；站线是指到发线、调车线、牵出线、货物线及站内指定用途的其他线路；段管线是指机务、车辆、工务、电务、供电等段专用并由其管理的线路；岔线是指在区间或站内接轨，通向路内外单位的专用线路；特别用途线是指安全线和避难线。

（3）轨距。

为确保铁路行车安全，轨道除了应具有合理的组成，还应保持两股钢轨的规定距离和轨顶面的相对水平。轨距是钢轨头部踏面下16mm范围内两股钢轨工作边之间的最小距离，如图2-1所示。我国铁路主要采用1435mm的标准轨距，其他国家还有采用1520mm、1676mm的宽轨距。直线地段两股钢轨的顶面应保持在同一水平，在正线和到发线上，在规定的距离范围内两股钢轨的轨顶面高差不允许超过4mm。曲线部分的轨距和水平误差也有相应的要求。

（4）铁路限界。

为了确保机车车辆在铁路线路上的安全运行，防止机车车辆撞击临近线路的建筑

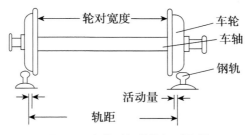

图2-1　车轮对钢轨的相对位置

物和设备，对机车车辆和接近线路的建筑物、设备所规定的不允许超越的轮廓尺寸线，称为限界。铁路基本限界可分为机车车辆限界和建筑接近限界两种。

机车车辆限界是机车车辆横断面的最大极限尺寸，它规定了机车车辆不同部位宽度、高度的最大尺寸和底部零件至轨面的最小距离。机车车辆无论空载、重载状态，均不得超出机车车辆限界。一般来讲机车车辆限界也就是货物的装载限界。如图2-2所示。

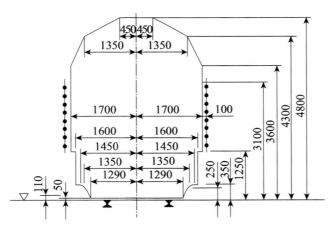

图2-2　机车车辆限界（单位：mm）

从图2-2可以看出以下几点。

①机车车辆中心的最大允许高度为4800mm。因此，机车车辆顶部的任何装置不得超出最大允许高度，以防与桥梁、隧道上部相撞。

②机车车辆在钢轨水平面上部1250~3600mm，其宽度为3400mm，为了悬挂列车尾部的侧灯，在2600~3100mm允许两侧各加宽100mm。

③在钢轨水平面1250mm以下，机车车辆宽度逐渐缩减。

建筑接近限界是一个和线路中心线垂直的横断面，它规定了邻近铁路线路的建筑物及设备（和机车车辆有相互作用的设备除外）不得侵入的最小横断面尺寸轮廓，如图2-3所示。它是保证机车车辆安全通行所必需的横断面的最小尺寸。

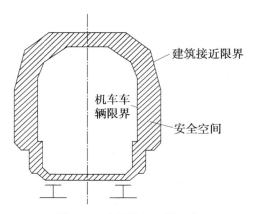

图2-3　建筑接近限界示意

由图2-3可知，在机车车辆限界和建筑接近限界之间留有一定的间隙，称为安全空间。其目的一是为适应运行中列车横向晃动偏移和竖向上下振动，防止与邻近的建筑物或设备发生碰撞，以保证行车安全；二是为组织"超限货物"列车运行提供安全空间。"超限货物"列车是指列车在直线线路上停留时，其中一些车辆中的货物高度或宽度超过了机车车辆限界或特定区段装载限界。按超限货物的超限程度，分为一级超限、二级超限和超级超限3个等级。

2.铁路车站

为了保证行车安全和必要的线路通过能力，满足人们对铁路运输的需要，铁路上每隔一定距离需要设置一个车站。

（1）铁路车站的基本功能。

车站是铁路办理客、货运输的基地，也是铁路和旅客、货主联系的纽带，是铁路运输的基层生产单位。在车站上，除了办理旅客和货物运输的各项作业，还办理和列车运行有关的各项工作。为了完成上述作业，车站上需设有客货运输设备及与列车运行有关的各项技术设备，还需配备客运、货运、行车、装卸等方面的工作人员。

车站上除正线外，还配到发线、调车线、牵出线、货物线及站内指定用途的其他线路等，到发线是用于接发旅客列车的线路；调车线是用于车列解体和编组并存放车辆的线路；牵出线是用于进行调车作业将车辆牵出的线路；货物线是用于货物装卸作业的货车停留线路。我国采用的列车到发线长度在Ⅰ、Ⅱ级铁路上为1050m、850m、750m或650m，在Ⅲ级铁路上为850m、750m、650m或550m。开行重载列车为主的铁路可采用大于1050m的到发线有效长度。

（2）区间与站界。

车站是铁路线路的分界点，而且是有配线的分界点。无配线的分界点是指非自动闭塞区段两车站间设置的线路所、自动闭塞区段两车站间划分为若干个闭塞分区处所设置的通过信号机。铁路线路以分界点划分为区间或闭塞分区。车站与车站之间的区间称为站间区间，车站与线路所之间的区间称为所间区间，自动闭塞区段上通过信号机之间的段落称为闭塞分区，其作用是保证行车安全和必要的线路通过能力。综上所述，区间和分界点是组成铁路线路的两个基本环节。

站界是为了保证行车安全和分清工作责任，车站和它两端所衔接的区间以进站信号机或站界标为基准而分割明确的界限，如图2-4所示。站界的外方是区间，内方则属于车站范围。

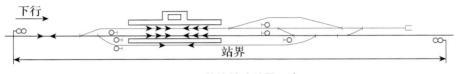

图2-4　单线铁路站界示意

（3）铁路车站的分类。

铁路车站按其主要用途和设备的不同，从业务性质上可分为营业站、非营业站，营业站又分为客运站、货运站和客货运站；从技术作业性质上可分为中间站、区段站和编组站。此外，根据客货运量和技术作业量的大小，并考虑车站在政治、经济及铁路网上的地位，车站可划分为特等站和一、二、三、四、五等站。车站等级是车站设置相应机构和配备定员的依据。

中间站是办理列车通过、交会、越行和客货运业务的车站。一般设在技术站之间区段内或支线上，主要办理列车的接发、会让和越行，摘挂列车的调车作业以及客货运业务。无货场的中间站一般只办理列车的通过、会让和越行以及少量的客货运业务，不开设货场，不办理摘挂列车、甩挂车组的作业；有货场的中间站除办理与无货场的中间站相同的业务外，还开设货场，办理摘挂列车、甩挂车组的作业。中间站规模一般较小，但数量很多，遍布在铁路沿线。

区段站是为邻接的铁路区段供应或整备机车及更换机车乘务组，并为无改编中转货物列车办理规定的技术作业的车站，也办理一定数量的列车编组、解体和客货运业务。区段站一般设置在铁路网牵引区段（机车交路）的起点或终点，即机车牵引区段的分界处。区段站的作业和设备在数量和规模上都不是最大的，但是作业和设备的种类是比较齐全的，包括客运作业、货运作业、运转作业、机车业务、车辆业务等。

编组站是铁路网上办理大量货物列车解体和编组作业，并设有比较完善调车设备的车站。其主要工作是改编车流，即解体和编组各种货物列车，以及机车换挂、整备，乘务组换班，列车的技术检查、车辆检修等。编组站需要按照编组计划要求，解体和编组直达、直通、区段、摘挂及小运转等各种货物列车，实际上就是一个编组列车的工厂，又被称为"货物列车制造工厂"。编组站通常设在大城市、港口或大工厂所在地或衔接3个及以上主要干线的汇合处，有大量车流集散的地点。

3.铁路站台

铁路站台是铁路列车停靠、装载货物的基础设施。在铁路车站，一般都要设置供人员乘降和货物装卸载作业的固定站台。在无固定站台或固定站台保障能力不足时，为满足货物装卸载需求，也可搭设临时站台。

（1）站台的结构形式。

固定站台一般有侧面站台、尽端式站台和联合站台三种形式。侧面站台主要用于棚车、敞车的装卸载；尽端式站台主要用于平车轮式装备的装卸载。联合站台是由侧面站台和尽端式站台合并设置的货物站台，有利于充分发挥站台的使用效率，便于铁路货物运输的装卸载作业。

（2）站台主要技术参数。

侧面站台靠铁路线路一侧的顶面高度应与各类棚车、平车地板至轨面高度相适应，便于装卸作业。目前，铁路运输常用车辆地板面至轨面高度如表2-1所示，为满足车辆装备装卸载需要，侧面站台靠铁路侧一般应高出轨面1.1m，尽端式站台铁路端边缘顶面距轨面高度一般为1.2m。

表2-1　　　　　　　　铁路运输常用车辆地板面至轨面高度一览表

车种	车型	载重（t）	车辆长度（m）	地板面至轨面高度（m）
平车	N_{17}	60	13.908	1.209
	N_{17AK}	60	13.908	1.211
	N_{17K}	58	13.908	1.211
	NX_{17}	60	13.938	1.211
	NX_{17A}	60	13.938	1.211
	NX_{17AK}	60	13.938	1.212
棚车	P_{62}	60	16.438	1.141
	P_{64}	58	16.438	1.143
	P_{70}	70	17.066	1.136
敞车	C_{62A}	60	13.438	1.083
	C_{64}	61	13.438	1.082
	C_{70}	70	13.976	1.083

侧面站台长度应根据实际要求设定，一般不小于150m，宽度一般不小于20m；高速铁路站台要更长。尽端式站台长度一般不小于10m，宽度一般不小于4.5m，连接道路一端应设置坡道，坡率应不大于1∶15，坡道应与站台面等宽，具体数值要依据相关标准确定。

站台载荷应符合铁路普通货物站台和尽端式站台标准，用于装卸重装备的站台，应依据具体荷载要求确定站台的承重能力。

（二）铁路运输装备

铁路运输装备包括机车和车辆两部分，车辆是装载运输对象的工具，一般没有动力装置（动车组除外），需要把车辆连挂在一起由机车牵引才能在线路上运行。

1.机车

机车是铁路运输的牵引动力。由于铁路车辆大都不具备动力装置，运用时需要将车辆连挂成车列，由机车牵引沿铁路线路运行。此外，站内车辆的转线以及货场取送车辆等调车作业，也都需要机车完成。

铁路机车按牵引动力分类，有蒸汽机车、内燃机车和电力机车三种。蒸汽机车通过蒸汽机把燃料的热能转换成机械能，用来牵引列车，其构造简单，制造和维护方便，成本较低，但是热效率低、煤水消耗大、环境污染严重，在现代铁路运输中的应用越来越少；内燃机车一般以柴油为燃料，热效率较高（可达30%左右），灵活机动、独立性强，单节机车功率大，机车整备时间短、持续工作时间长，便于多机牵引，但内燃机车结构复杂，制造维护成本较高，大功率内燃机车对环境污染较严重，应用受到一定限制；电力机车是由电动机驱动车轮的机车，所需电能由其外部电气化铁路供电系统提供，是一种非自带能源的机车，电力机车具有起动快、功率大、效率高、速度快、爬坡性能好、运营费用低、不污染环境等优点，适合运输繁忙路段、高速铁路，以及山区铁路、长大坡道、长隧道线路使用。但是，电力机车运行时必须由专门供电系统提供电能，电气化铁路的基本建设投资大，运用灵活性受到一定限制。世界各国铁路牵引动力发展趋势表明电力机车是很有发展前途的一种机车。

铁路机车按用途分类，有客运机车、货运机车和调车机车三种。客运机车具有较高的运行速度和启动加速度，用以牵引速度较高的旅客列车；货运机车具有较大的牵引力，用以牵引吨位较大的货运列车；调车机车用于列车的解体、编组和牵出、转线，其工作特点是频繁启动和停车，要求机动灵活，一般车身较短，能通过较小的曲线半径，对速度要求不高。

2.铁路车辆

根据运输用途的不同，铁路车辆分为客车、货车两大类。按照车辆的轴数可分为4

轴车、6 轴车和多轴车；按照载重可分为 50t、60t、70t、80t、90t 等多种。

（1）客车。

客车的用途是运送旅客或为旅客提供服务。常见的有硬座车、硬卧车、软卧车、餐车、行李车、邮政车、空调发电车、公务车、试验车、维修车、医疗车等。目前我国普遍采用的是 25 型客车，其车内空间宽敞，布置典雅，色调柔和，乘坐舒适，安全性好。25K 型客车是为特快列车研制的铁路客车，其构造速度为 160km/h，具有速度快、运行平稳的特点。25T 型客车是为提速后的直达特快列车设计的铁路客车，其构造速度为 180km/h，运行速度可达 160km/h，可持续 20h 不停站运行。

（2）货车。

铁路货车是运输货物的车辆，根据用途可分为通用货车、专用货车和特种货车。

1）通用货车。是指装运普通货物的车辆，货物类型多且不固定，无特殊要求。铁路货车中这类货车占的比重较大，根据车辆结构不同，分为棚车、敞车和平车三类。

①棚车。棚车是铁路通用货运车辆。棚车一般有地板、侧墙、端墙、车顶，在侧墙上开有滑门和通风窗。用于运送怕日晒、雨淋、雪浸的货物，包括各种粮食、棉纺织品、化肥及贵重仪器设备等。除运输货物外，棚车还可以代替客车运送人员。P_{70} 型棚车主要技术参数如表 2-2 所示。

表 2-2　　　　　　　　　P_{70} 型棚车主要技术参数

名称		参数	名称		参数	名称		参数
载重		70t	车体内长	无内衬板	16094mm	车体内宽	无内衬板	2800mm
自重	无内衬板	≤23.8t		有内衬板	16087mm		有内衬板	2793mm
	有内衬板	≤24.6t	车辆长度		17066mm	车体内高		2050mm
车辆最大宽度		3300mm	车门门孔尺寸（宽×高）		3012mm×2539mm	地板面距轨面高（空车）		1136mm
车辆最大高度		4770mm	商业营运速度		120km/h	通过最小曲线半径		145m

②敞车。敞车是指具有端壁、侧壁、地板，无车顶、向上敞开的货车，又称高边车。主要用于运送煤炭、矿石、矿建物资、木材、钢材、集装箱等无须严格防潮湿的大宗货物；也可用来运送重量不大的机械设备；若在所装运的货物上蒙盖防水帆布或其他遮盖物后，可代替棚车运送怕雨淋、要求防湿损的货物。敞车是一种通用性、灵活性较大的货车，在货车中数量最多，一般载重均为 70t 级和 80t 级。C_{70} 型敞车主要技术参数如表 2-3 所示。

表2-3　　　　　　　　　　　C₇₀型敞车主要技术参数

名称	参数	名称	参数	名称	参数
载重	70t	车辆最大宽度	3242mm	车体内长	13000mm
车辆长度	13976mm	车辆最大高度	3143mm	车体内高	2050mm
自重	≤23.6t	地板面距轨面高（空车）	1083mm	车体内宽上侧板处	2892mm
商业营运速度	120km/h	侧开门孔尺寸（宽×高）	1620mm×1900mm	下侧门孔尺寸（宽×高）	1250mm×951mm

③平车。底架承载面为一平面，铁路平车无车顶和车厢挡板，大部分平车车体只有一个平底板，部分平车装有可活动下翻式的矮端墙和侧墙。平车车体自重较小，装运吨位可相应提高，加上无车厢挡板的制约，装卸较方便，主要用于装运轮式车辆、大型机械、集装箱、钢材、大型建材等，必要时可装运超宽、超长的货物。

X₄ₖ型集装箱平车是在标准轨距使用、装运国际标准集装箱的专用车，可以同时装运3个20ft标准集装箱或1个40ft和1个20ft标准集装箱，其主要技术参数如表2-4所示。

表2-4　　　　　　　　　X₄ₖ型集装箱平车主要技术参数

名称	参数	名称	参数
载重	72t	自重	≤21.8t
车辆长度	19416mm	底架长	18400mm
底架宽	2630mm	集装箱承载面距轨面高（空车）	1140mm
车辆最大宽度	2890mm	通过最小曲线半径	145m
商业营运速度	120km/h	装箱工况　3个20ft集装箱	3×24t
		1个40ft和1个20ft集装箱	1×30t+1×24t

NX₇₀型平车是在标准轨距使用、载重70t、具有装运多种货物功能的四轴平车，可以装运标准集装箱和非标集装箱，也可以装运钢材、汽车、成箱货物及大型混凝土桥梁等。该车底架上铺有70mm厚的木地板或45mm厚的竹木复合层积材地板，底架上还设有集装箱锁闭装置，锁头可原位翻转，是平车—集装箱共用车，其主要技术参数如表2-5所示。

表2-5　　　　　　　　　　NX₇₀型平车主要技术参数

名称	参数	名称	参数
载重	70t	车辆长度	16366mm
自重	≤23.8t	车辆最大宽度	3157mm

续表

名称	参数	名称	参数
集装箱装载面距轨面高（空车）	1216mm	通过最小曲线半径	145m
商业营运速度	120km/h	集重	1m、30t
装箱工况 — 1个40ft集装箱	1×30t		2m、35t
2个20ft集装箱	2×24t		3m、45t
45ft或48ft或50ft集装箱	1×30t		4m、50t
			5m、55t

2）专用货车。专用货车是指专门用于运输某些指定种类货物的车辆，用途比较单一，同一种车辆要求装载的货物重量或外形尺寸比较统一。专用货车一般有罐车、保温车、煤车、矿石车、砂石车、集装箱车、特种货车、毒品车、家畜车、水泥车、粮食车等。专用货车在铁路上的运营方式也比较特别，如固定编组、专列运行。

①罐车。一般设有圆筒形罐体，是专用于装载液体、液化气体或粉状货物的车辆。有轻油罐车、粘油罐车、食油罐车、粉状货物罐车、液化气罐车等。

②集装箱车。底架承载面与平车相同但无地板，车体上设有固定集装箱的固定式、翻转式锁闭装置和门止挡，以便固定和锁闭集装箱。

③保温车。又称冷藏车，是运送鱼、肉、鲜果、蔬菜等易腐货物的专用车辆。其车体装有隔热材料，车内设有冷却、加温、测温和通风装置等，具有制冷、保温和加温等功能。

3）特种货车。特种货车是指主要用于装运各种长大重型货物，如大型机床、发动机、化工合成塔等。一般载重量在90t及以上，只有底架而无墙板，且车轴数较多。按其结构形式分为长大平车、凹底平车等。

3.动车组

动车组是由动车与拖车组成、固定编组使用的车组。高速动车组是当今世界高新技术的集成，是高速铁路的标志性装备。动车组往返不需调转车头或摘挂机车，非常适合高速铁路高密度公交化穿梭运行，因此，动车组在高速铁路旅客运输中得到普遍使用。

（1）动车组的类型。

动车组可分为动力集中型和动力分散型两种牵引方式。两端固定配置专用动力车、中间均为拖车的列车称为动力集中型动车组；列车的动力车有多个，既可以布置在两端又可以布置在中间的动车组为动力分散型动车组。我国制造的CRH系列动车组一般都是动力分散型动车组。

（2）动车组的组成。

动车组一般由车体、牵引装置、转向架、制动装置、列车网络控制系统等组成。

车体分为带驾驶室车体和不带驾驶室车体两种，既是容纳乘客和司机驾驶的场所，又是安装与连接其他设备和部件的基础。

牵引装置一般是采用交流传动技术的电动牵引系统，其主要动力原件是牵引电机。动力分散型动车组通常由几个动力单元组成，每个动力单元都是一个相对独立的牵引系统，运行中如果某个动力单元出现故障，其余动力单元仍然可以驱动列车运行，因此分散型动车组不仅拥有轴重小、功率大的优点，而且运行可靠性也更高。

转向架位于车体和轨道之间，用来牵引和引导车辆沿轨道行驶，承受和传递来自车体及线路的各种载荷。动车组一般采用动力制动与摩擦制动的复合制动模式。列车网络控制系统负责对动车组牵引、制动、转向架、辅助供电、车门、空调等系统的控制、监视和诊断，是协调各种车载设备工作的基础平台。

（三）铁路货物运输运用

1.铁路车辆运用标记

为了表示车辆的类型和特征，满足车辆运用、检修和统计的需要，每一个车辆上都应有规定的各种标记。

（1）车辆代码。

车辆代码包括车种、车型、车号。它是每一个车辆的唯一标记，需涂刷在车辆的明显位置（如侧墙上）。

车种代码原则上用该车种汉语拼音名称中关键的一个或两个大写字母表示，其中客车用2个（3个）字母、货车用1个字母。车号编码采用4~7位数字表示，因车种、车型不同，规定使用的数字范围也不同，同种车辆的车号必须集中在规定的码域内，以便从车号编码反映车辆的车种、车型，如表2-6所示。

表2-6 客、货车车种车号编码表

车种	型号	车号范围	车种	型号	车号范围
软座车	RZ	10000~19999	矿石车	K	5500000~5531999
硬座车	YZ	20000~46999	长大货物车	D	5600000~5699999
软卧车	RW	50000~59999	罐车	G	6000000~6309999
硬卧车	YW	60000~89999	保温车	B	7000000~7231999

车种	型号	车号范围	车种	型号	车号范围
餐车	CA	90000~94799	毒品车	W	8000000~8009999
行李车	XL	3000~6999	家畜车	J	8010000~8039999
邮政车	UZ	7000~9999	水泥车	U	8040000~8059999
棚车	P	3000000~3499999	粮食车	L	8060000~8064999
敞车	C	4000000~4899999	特种车	T	8065000~8074999
平车	N	5000000~5099999	自备车		0000001~0999999
集装箱车	X	5200000~5249999			

铁路车辆车型代码用大写字母和数字混合表示。如C_{64K}，字母C表示车种编码，是车型代码的第一部分；数字64表示重量级别；字母K是车型代码的第三部分，表示车辆的材质和结构。

（2）自重、载重及容积。

自重是车辆在空载状态下本身的全部重量，单位为t；载重即车辆技术条件所允许的最大装载重量，单位为t。除平车以外的货车，以及客车中的行李车、邮政车还应注明可供装载货物的容积，以m^3为单位，同时在括号内以m为单位注明"内长×内宽×内高"。

（3）车辆全长及换长。

车辆全长是指车钩位于闭锁位置时两端钩舌内侧间的距离，单位m。换长是为了编组列车时方便统计，将车辆全长换算成辆数来表示的长度。换算时以早期生产使用的30t棚车长度11m为计算标准，即：换长＝车辆全长/11，计算时保留一位小数（四舍五入）。

2.铁路货运车辆的选择

实施铁路货物运输时，应正确选择车辆，遵守铁路货运车辆使用限制表（见表2-7）及有关规定。未经铁路部门允许，各类货运车辆装载的货物不得超出其设计用途范围。

表2-7　　　　　　　　　　铁路货运车辆使用限制表

序号	货物名称	车种限制条件（×）								备注
		棚车	敞车	底开门车	有端侧板平车	无端侧板平车	有端板无侧板平车	铁地板平车	共用车	
1	散装的煤、灰、焦、炭、砂、石、土、矿石、砖	×				×	×	×	×	无端侧板平车或有端板（渡板）无侧板平车（共用车除外），在使用有挡板或竹篱笆作围挡并安有支柱时，可装运煤、灰、砂、石、土、砖等

续表

序号	货物名称	车种限制条件（×）								备注
		棚车	散车	底开门车	有端侧板平车	无端侧板平车	有端板无侧板平车	铁地板平车	共用车	
2	金属块			×		×	×	×	×	无端侧板平车或有端板（渡板）无侧板平车（共用车除外），在使用有挡板或竹篱笆作围挡并安有支柱时，可装运散装的金属块
3	空铁桶				×	×	×	×	×	应加固或外罩绳网
4	木材				×	×	×	×	×	原木不得使用棚车装运
5	集装箱	×		×				×		1t集装箱可装棚车
6	超长货物	×	×	×				×		
7	超限货物	×		×				×		
8	钢轨	×		×				×		
9	组成的机动车辆	×	×	×				×		组成的摩托车、手扶拖拉机及小型车辆可使用棚车，在到站有起重能力时，可使用敞车

3.铁路货物运输方式

按铁路技术装备条件和运输组织方式，现行铁路货物运输分为整车、零担和集装箱货物运输三类。铁路货物运输以"批"为单位，"批"是铁路承运货物、计收运费、交付货物和处理事故的单位。

（1）整车货物运输。

一批货物的重量、体积、性质或形状需要以1辆或1辆以上铁路货车装运的，均按整车货物办理，称为整车运输。整车运输适用于大宗货物运输。另外，需要冷藏、保温或加温运输的货物，规定限按整车办理的危险货物，易于污染其他货物的污秽品，不易计算件数的货物，未装容器的活动物（铁路部门有特殊规定的除外），都必须按整车办理。

（2）零担货物运输。

凡一批货物的重量、体积、性质或形状不需要一辆铁路货车单独装运，而且允许与其他货物配装的货物，可以按零担办理，称为零担货物运输。零担货物运输适用于每批次量较小的零星货物运输。零担货物运输相对于整车货物运输更为复杂，因此要受到一些运输条件的限制，如零担货物一件体积最小不得小于0.02m³（但一件重量在10kg以上的除外）；单件重量不得超出2t、体积不得超出3m³或长度不大于9m（有特殊规定的除外）；零担货物一般在公共作业场所组织运输，不允许派押运人。

（3）集装箱货物运输。

凡能装入集装箱，不会对集装箱造成损坏的货物及规定可按集装箱运输的危险货物均可按集装箱办理，称为集装箱货物运输（以下简称"集装箱运输"）。集装箱运输是一种现代化的先进运输方式，适用于运输精密、贵重、易损和怕湿的货物。集装箱运输需符合限制条件，如每批必须采用同一箱型，使用不同箱型的货物不得按一批托运，每批至少一箱；每箱总重不得超过该集装箱标记总重和铁路部门规定的限制重量；承运人按箱计费和负责运输，一般不负责查点箱内货物。托运人负责集装箱的装箱和施封，收货人负责启封和掏箱；易于污染和腐蚀箱体的货物（如水泥、化肥、盐等）、易于损坏箱体的货物（如生铁块、废钢铁等）、鲜活货物（经认定一段时间内不易腐烂的货物除外）、危险货物（另有规定的除外）不能使用通用集装箱装运。

二、公路运输设施与装备

（一）公路运输设施

公路运输设施主要包括公路和公路运输场站。

1.公路

（1）基本构成。

公路是一种线形工程构造物，主要由路基、路面、桥梁、隧道、涵洞等基本构造物和其他辅助构造物及设施组成，是运输车辆定向移动的通道。

路基是公路的基本结构，是支撑路面结构的基础，与路面共同承受车轮荷载的作用。

路面是铺筑在公路路基上与车轮直接接触的结构层，一般由面层、基层、底基层与垫层组成，承受和传递车轮荷载及磨耗，路面应具有足够的强度、平整度、抗滑性能。

桥涵是指公路跨越水域、沟谷和其他障碍物时修建的构造物。一般单孔跨径小于

5m或多孔跨径之和小于8m的称为涵洞；大于上述规定值的称为桥梁。但管涵及箱涵不论管径或跨径大小、孔数多少，均称为涵洞。

公路隧道通常是指建造在山岭、江河、海峡和城市地面下的工程构造物。按所处位置可分为山岭隧道、水底隧道和城市隧道，供车辆通过使用。

公路渡口是指以渡运方式供通行车辆跨越水域的基础设施。码头是公路渡口的组成部分，可分为永久性码头和临时性码头。

公路交通工程及沿线设施是保证公路功能、保障安全行驶的配套设施，是现代公路的重要标志。公路交通工程主要包括交通安全设施、监控系统、收费系统、通信系统四大类，沿线设施主要是指与这些系统配套的服务设施、房屋建筑等。

（2）公路的分类与等级。

根据《公路路线标识规则和国道编号》（GB/T 917—2017）规定，公路按行政等级分为国道、省道、县道、乡道、村道和专用公路六个等级。

按照公路的交通量、任务和性质，我国《公路工程技术标准》（JTG B01—2014）将公路划分为高速公路、一级公路、二级公路、三级公路和四级公路五个技术等级。

高速公路是专供汽车分方向、分车道行驶并全部控制出入的多车道公路，主要用于连接政治、经济、文化重要发展的城市和地区，是国家干线公路网中的骨架。高速公路的年平均日设计交通量宜在15000辆小客车以上。

一级公路是供汽车分方向、分车道行驶，可根据需要控制出入的多车道公路，主要连接重要政治、经济中心，通往重点工矿区，是国家的干线公路。一级公路的年平均日设计交通量宜在15000辆小客车以上。

二级公路是供汽车行驶的双车道公路，主要连接政治、经济中心或大工矿区等地的干线公路。二级公路的年平均日设计交通量宜为5000~15000辆小客车。

三级公路是供汽车、非汽车交通混合行驶的双车道公路，为沟通县及县以上城市的一般干线公路。三级公路的年平均日设计交通量宜为2000~6000辆小客车。

四级公路是供汽车、非汽车交通混合行驶的双车道或单车道公路，为沟通县、乡（镇）、村的支线公路。双车道四级公路的年平均日设计交通量宜在2000辆小客车以下，单车道四级公路的年平均日设计交通量宜在400辆小客车以下。

2.公路运输场站

公路运输场站是指组织公路运输生产所需的生产性和服务性的各类建筑物，是连接公路运输网络的节点，如货运站、停车场等。是以场地为依托，专门为货物的集散、中转、运输业务办理、运输工具维护和修理等提供作业及相关服务，组织和协调货物运输的经营场所。

（1）主要形式。

公路运输场站根据其功能和用途，分为公路中转站、公路—铁路转运站、水陆联运站等形式。

公路中转站是衔接公路运输进行中转或换载的场所。

公路—铁路转运站是衔接公路、铁路两种不同运输方式的物流节点，在公路集货运输与铁路干线运输、铁路干线运输与公路配送运输的转换时，完成货物重新组合与装卸，需要一定的装卸、集货、分货等设施。

水陆联运站是衔接水运及陆运的转运站，通过码头进行货物的装卸和重组，实现陆运与水运的转换。

（2）基本功能。

衔接功能。连接各条运输线路，优化构成公路运输网络，畅通各条运输线路，减少货物停留时间，提高货物运输效益。而且还可提供运输、货运代理、仓储、配送、流通加工、包装、信息等多种服务。

信息功能。具有运输系统信息的传递、收集、处理、发送等枢纽作用。通过现代物流信息技术手段，进行货物跟踪、仓储管理、运输付款通知、运费结算、运输事务处理和运输信息交换等，获取公路运输大数据；通过网络系统，连通铁路车站、机场、港口，实现联网运输与综合运输，同时向社会提供货源、运力、物流信息和车货配载信息等服务。

管理功能。通过公路运输管理设施和指挥机构，实现运输过程的管理、指挥、调度、信息处理及货物处理等一体化功能，确保运输系统有序和正常运转，提高工作效率和服务水平。

（二）公路运输装备

载货汽车是常用的运送货物的公路运输装备，用于承载货物并实现空间位移，具有方便、机动、灵活、适应性强等特点。

1.载货汽车及分类

载货汽车是由自带动力装置驱动，具有四个或四个以上车轮的非轨道承载的车辆，主要用于载运货物、牵引载运货物的挂车。

根据动力燃料不同，汽车可分为传统汽车和新能源汽车。传统汽车以常规的车用燃料柴油或汽油为引擎燃料；新能源汽车是指采用非常规的车用燃料作为动力来源，综合车辆动力控制和驱动方面的先进技术，形成的技术原理先进、具有新技术新结构的汽车，包括纯电动汽车、混合动力汽车、燃料电池汽车等。新能源汽车的分类及特点如表2-8所示。

表2-8　　　　　　　　　　　　　　　　新能源汽车的分类及特点

类别	定义	优点	缺点
纯电动汽车	以车载电池为动力，用电机驱动车轮行驶的汽车	行驶过程中无污染	电池自重较大，充电时间长，续航里程较短，成本高，折旧快，易对环境造成二次污染
混合动力汽车	装有两个以上动力源，包括电机驱动的汽车	续航里程长，可储备电能，提高了燃油燃烧效率，有利于环境保护	技术工艺复杂，材料多，自重大，仍依赖石化燃料
燃料电池汽车	利用氢气等燃料，在燃料电池中经电化学反应产生电能，驱动车轮行驶的汽车	能量产生效力比石化燃料高，且获取燃料较容易	电池使用寿命有限

根据汽车的尺寸和质量不同，可分为微型载货汽车、轻型载货汽车、中型载货汽车和重型载货汽车。

根据车厢的结构形状不同，载货汽车可分为低栏车、高栏车、厢式车、冷藏车等。

根据汽车越野能力的不同，可分为非越野汽车和越野汽车。

根据汽车功能和用途的不同，可分为集装箱运输车、牵引车和挂车、自装卸车及专用货车等。

根据有无人员驾驶，可分为有人驾驶汽车和无人驾驶汽车。无人驾驶汽车智能水平高，可用于特殊环境或复杂条件下的货物运输。

2.典型载货汽车

（1）低栏车。

低栏车又称平板车，根据板的高度和形状，可分为纯平板和高平板两种。其特点是能从三个方向打开车厢，方便货物装卸作业。运输过程中，一般需要用雨布包裹货物以防止雨淋和货物损坏，同时，需要采用专门的器材固定货物。

（2）高栏车。

高栏车是介于低栏车和厢式车之间的一种车型，比低栏车更加封闭，但仍需要雨布防护，分为半封闭和全封闭两种。

（3）厢式车。

厢式车又称厢式货车，可分为后开门、左右开门、全封闭、半封闭等车型。它比高栏车更加密封，本身具有防雨和防潮功能，主要用于各种纸箱包装物品的运输，特殊种类的厢式车还可以运输化学危险物品。

（4）集装箱运输车。

集装箱运输车是指专门运载标准集装箱的运输车辆，集装箱与运输车底盘能快速分离，便于集装箱装卸。而厢式车的货箱和底盘连为一体，不便整体快速装卸。

（5）冷藏车。

冷藏车是指运输冷冻或保鲜货物的封闭式厢式运输车，车体装有制冷装置、隔热保温厢体、温度记录仪等部件。按车厢形状可以分为面包式冷藏车、厢式冷藏车、半挂冷藏车等。

（6）牵引车和挂车。

牵引车是指本身具有动力驱动装置的车辆，专门或主要用于牵引挂车的汽车。按用途不同，可以分为全挂牵引车、半挂牵引车、特种挂车牵引车等。

挂车是本身无动力驱动装置，需由牵引车牵引的车辆。按挂车与牵引车的连接方式分为全挂车和半挂车，如图2-5所示。全挂车可依靠自身轮胎直立，与牵引车仅用挂钩连接，其荷载全部由自身承担，牵引车只提供牵引力。全挂车在运输过程中因甩挂方便，制造成本低，曾得到较广泛应用。随着我国高速公路的普及，全挂车暴露出在高速行驶时制动甩尾、高速直线行驶性能差等安全问题，国内全挂车的使用受到了限制。半挂车没有铰接结构，必须要靠前面的支腿才能直立，需要与牵引车共同承载，其前部需要搭在牵引车上面的牵引鞍座上，部分挂车质量需要由牵引车承受。半挂车具有承载力大、高速行驶稳定性好、主挂匹配容易、应用灵活、倒车难度较低等优势，特别适用于长途、高等级公路运输，已成为公路运输中主要的运输工具。

（a）全挂车　　　　　　　　　　　（b）半挂车

图2-5　挂车示意

（7）越野汽车。

越野汽车是指能在非公路和无路面环境下进行货物运输的汽车。如全地形轮履复合式高机动运输车，可用于山地丛林等复杂地形的货物运输。

（三）公路运输运用

公路运输主要用于以下场景。

（1）承担中短途运输。

中短途运输主要包括城间公路货物运输、城市市区与郊区货物运输及厂矿企业内部生产过程运输等。其中，短途运输是指运距在50km以内的运输，中途运输是指运距为50~200km的运输。

（2）独立承担长途运输。

由公路承担长途运输时，一般要求经济运距超过200km。资料显示，美国公路货运的平均运距为600km左右，而且近几年来，运距达1600km左右的水果和蔬菜、油料及蛋品的大部分运输也由公路承担。发展中国家公路运输的经济运距虽然低于200km，但是基于国家政治、经济建设等方面的需要，长途运输也常常由公路承担。

（3）与其他运输方式衔接。

货物从生产地点到消费地点或旅客由出发地到目的地的全部运输过程往往需要由几种运输工具分工协作才能完成，公路在整个运输过程中，作为运输的起终点，或中间某一段运输所用方式的中短途接力运输，即公路的衔接功能。公路运输的机动灵活性和"门到门"直达运输的特性使之不仅可以起到各种运输方式之间的纽带作用，将各种运输方式联结成为综合运输网络，而且可以将运输对象运送到最终目的地。

三、水路运输设施与装备

（一）航道

航道是水路运输的通道，是指沿海、江河、湖泊、水库、渠道和运河内可供船舶、排筏在不同水位期通航的水域。

1.航道的分类

航道可以按照多种方法分类。按照航道形成的因素，可分为天然航道、人工航道、渠化航道；按照通航时间长短，可分为常年通航航道、季节通航航道；按照通航限制条件，可分为单行航道、双行航道、限制性航道；按照通航船舶的类型，可划分为内河船航道、海轮进江航道；按照管理属性，可分为国家航道、地方航道、专用航道；按照航道所处的区域，可分为内河航道、沿海航道。

（1）沿海航道。

沿海航道是指位于海岸线附近、具有一定边界、可供海船航行的航道。沿海航道属于自然水道，其通过能力几乎不受限制。随着船舶吨位的增加，一些海峡或狭窄水道会对通航船舶产生一些限制条件。

（2）内河航道。

内河航道是指河流、湖泊、水库内的航道，以及运河和通航渠道的总称。内河航道大部分是利用天然水道加上引航的航标设施构成。内河航道与海上航道相比，其通行条件有很大差别，反映在通航水深、通航时间（部分内河航道不能夜行）和通航方式（如单向过船）等。大多数内河自然水道还需考虑航运、发电、灌溉、防洪和渔业的综合利用与开发。

2.航道的分级

内河航道按可通航内河船舶的吨级划分为7级，具体如表2-9所示。

表2-9 内河航道等级划分

航道等级	Ⅰ	Ⅱ	Ⅲ	Ⅳ	Ⅴ	Ⅵ	Ⅶ
通航船舶吨级（t）	3000	2000	1000	500	300	100	50

资料来源：GB 50139—2014《内河通航标准》。

沿海航道按通航船舶的吨级划分为12个等级，各等级沿海航道适应通航的船舶吨位如表2-10所示。

表2-10 沿海航道等级划分

航道等级	通航船舶吨级（t）	通航船舶吨位范围DWT（t）
Ⅰ	300000及以上	≥275001
Ⅱ	250000	225001~275000
Ⅲ	200000	175001~225000
Ⅳ	150000	125001~175000
Ⅴ	100000	85001~125000
Ⅵ	70000	65001~85000
Ⅶ	50000	45001~65000
Ⅷ	30000	12501~45000
Ⅸ	10000	7501~12500
Ⅹ	5000	4501~7500
Ⅺ	3000	1501~4500
Ⅻ	1000及以下	≤1500

资料来源：《广东省沿海航道通航标准 DB44/T 1355—2014》。

（二）港口与码头

1.港口定义

港口是水路运输的重要环节，是位于沿海、内湖或河口的水陆运输转运的节点，是水运的起点和终点，是船舶停泊及进行相关作业的场所。为实现港口所承载的功能，须拥有足够的水域、陆域和码头等设施。

2.港口组成

港口主要包括港口水域、码头及港口陆域三部分。

（1）港口水域。

港口水域是指航道、锚地、港池、泊位等与船舶进出、停靠及作业相关的一定范围的水上区域。主要设施包括进出港航道、锚地、船舶回旋水域、码头前水域（港池）、防波堤、护岸以及港口导航设施等。

（2）码头。

码头是指供船舶停靠、装卸货物或上下旅客的水工建筑物、设施和停泊水域，通常由一个或者多个泊位组成。码头前沿线通常即港口的生产线，也是港口水域和陆域的交接线。主要设施包括码头岸线、主体结构物、系靠设施（系船、防冲、安全等设施）、码头前沿装卸作业设备等。

按码头平面布置，可分为顺岸码头、突堤码头和扩岸码头；按断面形状，可分为直立式、斜坡式、半直立式、半斜坡式码头；按码头结构特点，可分为重力式码头、板桩码头、桩基码头和浮码头；按建筑码头的材料，可分为木码头、钢码头、混凝土码头、钢筋混凝土码头和混合材料码头；按码头的用途，可分为一般件杂货码头、专用码头（渔码头、油码头、煤码头、矿石码头、集装箱码头等）、客运码头、供港内工作船使用的工作船码头以及为修船和造船工作而专设的修船码头、舾装码头。

专用码头是专供某一固定种类和流向的货物进行装卸的码头。如煤炭码头、化肥（散装或袋装）码头、石油码头、集装箱码头等。其特点是码头设备比较固定，便于实现装卸机械化和自动化，装卸效率高，码头通过能力大，管理便利。如集装箱码头是专供集装箱装卸的码头，有专门的集装箱装卸、运输设备，有集运、储存集装箱的宽阔堆场，有供货物分类和拆装集装箱用的货运站。由于集装箱可以把各种繁杂的件货和包装杂货组成规格化的集装单元，因此可采用大型专门设备进行装卸、运输，保证货物装卸、运输质量，提高码头装卸效率。

综合性码头，又称通用码头。能够进行多种货物装卸作业。通常采用通用装卸机械设备，一般以装卸件杂货为主。这种码头适应性强，在货种不稳定或批量不大时比较适用。

（3）港口陆域。

港口陆域是指港口装卸作业区、堆场、港区道路等提供与港口功能相关服务的、与码头前沿相连的一定范围的陆上区域。主要设施包括堆场、仓库及其集疏运通道（铁路、道路）、客运站，以及给排水、供电、通信和辅助生产设施等。

3.港口功能

（1）运输功能。

运输功能是港口的最基本功能，货物通过各种运输工具转运到船舶或从船舶转运到其他各种运输工具，实现货物在空间位置的有效转移，开始或完成水路运输的全过程。

（2）商业功能。

商业功能是指港口在商品流通过程中，完成货物的集散、转运和部分储存。通过港口对货物的换装，使货物从产地到达销地，进入市场，促进所在城市的商业及国际贸易的发展。

（3）工业功能。

工业功能是指港口作为工业活动基地，使工业生产得以进行，并实现工业产品的价值。

4.港口种类

（1）按港口用途分类。

商港是以一般商船和客货运输为服务对象的港口；军港是供海军舰艇停泊，训练海军和修理军舰的港口，军港是海军基地的组成部分，通常有停泊、补给等设备和各种防御设施；渔港是为渔船停泊、鱼货装卸、鱼货保鲜、冷藏加工、修补渔网和渔船生产及生活物资补给的港口，是渔船队的基地；避风港是供船舶在航行途中或海上作业过程中躲避风浪的港口，无商业价值；多用途港是指建有两种以上功能和用途的港口；产业港是为工厂企业设立的港口，输入多为原材料，输出多为产品。

（2）按港口所处位置分类。

河口港，位于河流入海口或河流下游潮区界内，可兼为海船和河船服务。历史悠久的著名大港多属此类，一般有大城市做依托，水陆交通便利，内河水道往往深入内地广阔的经济腹地，承担大量的货流量。海港，位于海岸、海湾或潟湖内，也有离开海岸建在深水海面上的。海港大多有良好的天然掩护，不需要建筑防护建筑物，若天然掩护不够，则需要加筑外堤防护。河港，位于天然河流或人工运河上的港口，包括湖泊港和水库港。湖泊港和水库港水面宽阔，有时风浪较大，因此同海港有许多相似处，如往往需要修建防波堤等。俄罗斯古比雪夫、齐姆良斯克等大型水库上的港口和中国洪泽湖上的小型港口均属此类。

（3）按承担贸易范围分类。

国际贸易港，政府指定对外开放的航运贸易港，有外交关系国家的船舶可自由进出，无外交关系的，经批准也可通行。进出此种港口需经港监、海关、边防、商检、卫检办理相关手续；国内贸易港，专供本国商船出入的，外轮原则上不得驶入，也有国家允许外轮装货，但要先到附近的国际港办妥手续才可驶入；自由港，是指不受海关管辖的港口或港区，外国商品可在港内自由装卸船、分装加工、储存、再出口等，不用缴纳关税。

（三）水路运输装备

水路运输装备是各种船舶的总称，是能航行或停泊于水域进行运输或作业的交通工具，根据不同的使用要求而具有不同的技术效能、装备和结构形式。

1.船舶的种类和特点

船舶可以按用途、航行区域、航行状态、推进方式、动力装置和船体材料及船体数目等进行分类。按用途可分为货船、客船和客货船三类。

（1）货船。

货船是运输货物的船舶，一般不载旅客。货船可细分为杂货船、散货船、集装箱船、油船、驳船和拖船（推船）等类别。

①杂货船，是指用于载运各种包装或成件货物的船舶，分为普通型杂货船与多用途杂货船。普通型杂货船主要用于装载经过包装、袋装、箱装和桶装的一般货物。多用途杂货船，既可装杂货，又可装散货、集装箱，甚至滚装货，以提高揽货能力与装卸效率，提高营运经济性。

②散货船，是专门运输谷物、矿砂、煤炭及散装水泥等大宗散装货物的船舶。散货船运货量大，运价低，单层甲板、尾机型，船体肥胖，航速较低（一般11~18n mile/h），船上一般不设装卸货设备，散货船载重吨位为3万吨左右。

③集装箱船，是载运集装箱的专用船舶。集装箱船又分为全集装箱船和半集装箱船两种。全集装箱船是将全部货舱及上甲板都用于装载集装箱，半集装箱船是只有部分舱室用于装载集装箱，其余货舱则用来装运件杂货。集装箱船的特点是船型的方形系数小，航速高（一般20~37n mile/h），舱口尺寸大，约占船宽的70%~80%，便于装卸。机舱及上层建筑位于船尾，以便有更多的甲板和货舱面积用于堆放集装箱，主甲板之下的船舱可堆码3~9层集装箱，而主甲板之上则可堆码2~4层集装箱。通常船上无装卸设备，由码头装卸，以提高装卸效率。触边双层壳舱可分上下两层，供压载用。由于甲板上装集装箱，船舶重心高，受风面积大，常需压载，以确保足够的稳性。

④油船，是指运载石油及石油产品的船舶，一般只设一层甲板，油船没有大货舱口，只有油气膨胀舱口，并设有水密舱口盖。石油通过油泵和输油管进行装卸，因此油船上不设吊货杆等装卸设备。油船载重吨位是各类船舶中最大的，一般在20万~30万吨，最大的油轮可达70万吨，装原油的载重吨位一般比装成品油的大。沿海油轮航速一般为12~15n mile/h，远洋油轮一般为15~17n mile/h。

⑤驳船，是指自身没有动力推进装置，靠机动船（拖船或推船）带动的单甲板船

驳船可以单只或编列长队由拖船拖带或由推船顶推航行。驳船没有锚、舵等设备，也不设装卸机械和上层建筑。主要用于沿海、内河或港内驳运货物，往往用于转驳那些因吃水大不便进港靠泊的大型船舶的物资，或组成驳船队运输货物。驳船具有结构简单、造价低廉、管理维护费用低、可航行于浅水道、编组灵活等特点。驳船载重量可从数百吨到6万吨不等。

⑥拖船（推船），是专门用于拖曳或顶推其他船舶、驳船队、木排或浮动建筑物的机动船。它本身不载货物，是一种多用途的工作船，被称为水上的"火车头"。

此外，还有滚装船、半潜船等特殊用途船舶。

滚装船，是指通过跳板采用滚装方式装卸载货车辆的船舶，又称开上开下船，可用牵引车牵引集装箱挂车直接进出货舱，其优点是装卸效率高、船舶周转快和水陆直达联运方便。缺点是重心高、稳性较差。

半潜船，是通过本身压载水的调整，把装货甲板潜入水中，以便将所要承载的特定货物从指定位置浮入装货甲板上，上浮后转运到指定地的大型特种海运船舶，通常专门从事运输大型海上石油钻井平台、大型船舰、潜艇、预制桥梁构件等超长、超重，又无法分割吊运的超大型设备。

（2）客船。

客船是指专门用于载运旅客及其行李和邮件的运输船舶。为保证旅行安全和满足旅客在旅途中文化生活的需要，客船必须具有良好的航行性能，并为旅客提供舒适的居住和生活条件。客船均设置了一定数量、若干等级的旅客住舱，并配有足够数量的盥洗室和浴室，设置公共娱乐、休息、就餐等厅室。客船的长度比一般同吨位货船长，上层建筑庞大，甲板层数较多，一般有8~9层，最多可达十几层。住舱内备有良好的照明、空气调节等设备。为保证旅客安全，客船具有良好的稳性、抗沉性，且船体结构必须设置双层底，同时还应设有足够数量的消防、通信、救生等设备。为满足旅客舒适性要求，客船具备较好的耐波性，在减摇、避震、隔声等方面的设计标准较高。另外，为旅行需要，客船一般有较高的航速和较大的功率储备。客船按航行区域可分为海洋客船和内河客船；按照功能服务可分为旅游船、汽车客船和小型高速客船等。

（3）客货船。

客货船是指以载运旅客为主，兼运一定数量货物的运输船舶。

2.船舶性能

（1）船舶的航行性能。

船舶为了完成运输生产任务，经常在风浪、急流、险滩等航行条件极为复杂的情况下工作，因此要求船舶必须具有良好的抗风浪能力及有效控制船舶的航行性能。其航行性能主要包括以下几点。

①浮性，船舶在各种装载情况下，保持一定浮态，漂浮于水面一定位置的性能。

②稳性，船舶受外力作用离开原来平衡位置而发生倾斜，当外力消除后，仍能回到原平衡位置的能力。

③抗沉性，船舶在一舱或数舱破损浸水后仍能漂浮于水面，并保持一定浮态和稳性的能力。

④快速性，船舶的快速性是指对一定排水量的船舶，主机以较小的功率消耗而得到较高航速的性能。

⑤适航性，船舶在多变的海况中的运动性能。

⑥操纵性，船舶操纵性是指船舶在航行时能按照驾驶员意图保持或改变航速和航向的性能（其中，船舶保持其航速航向不变的能力，称为航向稳定性；船舶能够按照驾驶员意图改变其航速航向的能力，称为回转性或回转灵敏性）。

（2）船舶的重量性能。

包括船舶的排水量和载重量，计量单位以"t"表示。

①排水量，是指无航速的船舶在静水中处于自由漂浮状态时，船体所排开相同体积的水的重量，即船舶在该吃水下的总重量。排水量又可根据不同装载状态分为空载排水量和满载排水量。

②载重量，是指船舶所允许装载的重量。载重量有总载重量和净载重量之分。总载重量（DWT）是指船舶所能装载的最大限度重量，船舶净载重量等于船舶总载重量减去燃料、淡水、粮食和供应品、船用备品、船员和行李以及船舶常数后的重量。

（3）船舶的容积性能。

船舶容积性能包括货舱容积和船舶登记吨位。货舱容积是指船舶货舱实际能够容纳货物的空间，货舱容积的计量单位以立方米或立方英尺来表示。船舶登记吨位是指按吨位丈量规范所核定的吨位，计量单位是以立方米或立方英尺折算的"登记吨"表示。船舶登记吨位分为总吨位和净吨位两种。总吨位GT主要用于表示船舶大小，是国家统计船舶数量的单位，是计算造船、买卖船舶和租船费用，计算海损事故赔偿的基准以及计算净吨位的依据等。净吨位NT主要用作计算船舶向港口缴纳各种费用和税收（如停泊费、引航费、拖带费及海关税等）的依据。

四、航空运输设施与装备

航空运输系统包括机场、航线、飞机和空中交通管理四个有机组成部分。空中交通管理的任务是进行空中交通管制、空中流量管理和空域管理，有效地维护和促进空中交通安全、维护空中交通秩序、保障空中交通畅通。机场、航线和飞机在空中交通管理系统的协调控制和管理下分工协作，共同完成航空运输的各项活动。

（一）航空运输设施

1.机场

机场是航空运输体系中运输网络（航线）的交汇点，是旅客和货物由地面转向空中或由空中转向地面的接口。现代机场不仅要能保证飞机安全准时、平稳地起飞和降落，保证旅客和货物及时、方便、舒适地上下飞机，还要提供便利的地面交通换乘服务。

机场是供航空器起飞、降落和地面活动而划定的一块地域或水域，包括域内的各种建筑物和设备装置，主要由飞行区、旅客航站区、货运区、机务维修设施、供油设施、空中交通管制设施、安全保卫设施、救援和消防设施、行政办公区、生活区、后勤保障设施、地面交通设施及机场空域等组成。

机场可划分为供飞机活动的空侧部分（空域）及供旅客和货物转入或转出空侧的陆侧部分（陆域）。空侧部分包括供飞机起飞和降落的航站区空域及供飞机在地面上运行的飞行区两部分，如跑道、滑行道和停机坪。陆侧部分包括供旅客和货物办理手续和上下飞机的航站楼、货运站，各种附属设施及出入机场的地面交通系统设施。

2.跑道

跑道是供飞机起降的一块长方形区域，它提供飞机起飞、降落、滑跑以及起飞滑跑前和降落滑跑后运转的场地。跑道是机场工程的主体，必须有足够的长度、宽度、强度、粗糙度、平整度以及规定的坡度。

跑道的数量、方位以及跑道与航站区的相对位置决定了机场构形，跑道的数量取决于航空运输量的大小，跑道的方位则主要与当地风向有关。

跑道长度是机场的关键参数，是机场规模的重要标志，直接与飞机起降安全有关。跑道长度通常依据预计使用该机场的飞机起降特性设计，还与飞机起降质量与速度有关，即飞机起飞（或降落）质量越大，离地速度（或接地速度）越大，滑跑距离就越长。此外，跑道条件如表面状况、湿度和纵向坡度，机场所在环境如机场的高程和地形，气象条件特别是地面风力、风向和气温等因素都会影响跑道长度。当海拔高度高、空气稀薄、地面温度高时，发动机的功率就会下降，因而需要加长跑道。

跑道应有足够的宽度，但也不宜过宽，以免浪费土地。跑道的宽度取决于飞机的翼展和主起落架的轮距，一般不超过60m。

3.航线和航路

航线是由空管部门设定的飞机从一个机场飞抵另一个机场的空中通道，是飞机飞行的路线，航线确定了飞机飞行的具体方向、起讫和经停地点。航线作为航空运输的线路，是经过严格划分的。

航路是指根据地面导航设施建立的供飞机作航线飞行之用的具有一定宽度的空域。该空域以连接各导航设施的直线为中心线，规定有上限和下限的高度和宽度。航路和航线最简单的区别就在于，航路是有宽度的空域，而航线就是空中的一条线。

（二）航空运输装备

1. 飞机的构成

飞机是航空运输的主要载运工具，是航空器的一种，按国际民用航空组织的定义，航空器是指可以从空气的反作用（但不包括从空气对地球表面的反作用）中取得支撑力的机器，飞机是最重要的航空运输载运工具。

飞机具有机翼和一具或多具发动机，靠自身动力驱动前进，能在太空或者大气中飞行，自身的密度大于空气。飞机基本构成可分为机身、机翼、尾翼、起落架、动力装置和电子仪表系统等，通常把机身、机翼、尾翼、起落架这几个构成飞机外部形状的部分称为机体。

（1）机身。

机身用来装载人员、物资和各种设备，是飞机的主要部分。机身呈现长筒形状，把机翼、尾翼和起落架连在一起，它的前头部分即机头，装置驾驶舱用来控制整个飞机，中部是客舱和货运舱，用来装载货物、燃油及各种必需的设备。机身后部与尾翼相连。

机身的作用和要求主要有：一是要载人载物，二是要连接飞机其他部位，三是要确保飞机在空气中受到尽量小的阻力。从空气动力学的角度出发，要同时满足这些条件，机身的形状必须是长筒形，为了减少阻力，机身前端要缩小，呈流线型。为了防止在起飞抬头时机尾擦地，机尾就要向上翘起并且缩小。典型的机身结构通常都是一个中间粗两头小的长筒形状。

（2）机翼。

机翼用来产生支持飞机重量的升力，使飞机能在空中飞行，是飞机的重要部分。机翼一般分为左右两个翼面，机翼除提供升力外，还可作为发动机、油箱和起落架的安放位置，机翼的翼尖两点之间的距离称为翼展，机翼的剖面称为翼型，翼型要符合飞机飞行技术性能要求并产生足够升力。机翼内部的空间除安装机翼表面各种附加翼面的操纵装置外，主要部分是用来存储燃油的油箱，机翼上的燃油载量大约占全机燃油的1/4；机翼的主要功能是产生升力，以支持飞机在空中飞行，同时也起到一定的稳定和操纵作用。在机翼上一般安装有副翼、襟翼和扰流板。操纵副翼可使飞机滚转，收放襟翼可使机翼面积改变。

（3）尾翼。

尾翼用来操纵飞机俯仰和水平方向偏转，并保证飞机能平稳飞行，是飞机必不可少的部分。飞机尾翼包括水平尾翼和垂直尾翼。水平尾翼由固定的水平安定面和可动的升降舵组成，有的高速飞机将水平安定面和升降舵合为一体成为全动平尾。垂直尾翼包括固定的垂直安定面和可动的方向舵。

（4）起落架。

起落架用于起飞、着陆滑跑和滑行，停放时支撑飞机，是航空器下部用于起飞降落或地面、水面滑行时支撑航空器并用于地面或水面移动的装置。起落架是唯一一种支撑整架飞机的部件，是飞机不可或缺的一部分。

（5）动力装置。

动力装置用来产生推力或者拉力，使飞机前进，是飞机的重要组成部分，包括航空发动机、螺旋桨、动力辅助装置，其中最主要的是航空发动机，它构造复杂，自成体系，相对独立，有涡轮风扇发动机、涡轮喷气发动机、涡轮螺旋桨发动机、活塞式发动机等类型，航空发动机一般由发动机及其启动、操纵系统，固定装置，燃油系统，滑油系统等组成。

（6）电子仪表系统。

电子仪表系统是飞机感知和处理外部情况并控制飞机飞行状态的核心，是飞机的大脑，对保障飞机安全、改善飞行性能起着至关重要的作用。飞机的电子仪表系统包括通信系统、导航系统、飞机控制仪表系统和飞机电子综合仪表系统四部分。飞机可依靠电子设备和地面导航系统的帮助，在远距离的航线上，自动辨别航向，适应各种各样的气象条件，并且能在能见度很低的（50~100m）情况下着陆。此外，还能选择最佳航线、最佳飞行状态，使飞机性能有很大程度的提高。

2.飞机的分类

飞机可根据组成部件的外形、数目和相对位置进行分类。按机翼的数目，可分为单翼机、双翼机和多翼机等；按机翼相对于机身的位置，可分为下单翼、中单翼和上单翼飞机等；按机翼平面形状，可分为平直翼飞机、后掠翼飞机、前掠翼飞机和三角翼飞机等；按推进装置的类型，可分为螺旋桨飞机和喷气式飞机等；按发动机的类型，可分为活塞式飞机、涡轮螺旋桨式飞机和喷气式飞机；根据驾驶方式，可分为有人驾驶飞机和无人驾驶飞机等；根据用途，可分为军用飞机、民用飞机；此外还可按照发动机数量、飞行速度等进行分类。

民用飞机按照飞机结构、功能的不同，可分为客机、全货机和客货混合机三类。

客机主要运送旅客，一般行李装在飞机的腹舱。直到目前为止，航空运输仍以客运为主，客运航班密度高、收益大，所以大多数航空公司都采用客机运送货物，但由于客机舱位少，每次运送的货物数量都十分有限。

全货机专门用于运输货物，通常采用专门的航空集装托盘和航空集装箱等装载货物，运量大、装卸速度快，可以弥补客机运货能力不足的缺陷，但经营成本高，只限在某些货源充足的航线使用。全货机为了使用航空集装托盘和航空集装箱等装载设备，在飞机的甲板和货舱都需设置与之配套的固定输送系统。由于航空运输的特殊性，这些集装设备无论是外形构造还是技术性能指标都具有自身的特点。

客货混合机可以同时在主舱运送旅客和货物，并根据需要调整运输安排，是最具灵活性的一种机型。

（三）航空运输运用

航空货物运输有以下四种方式。

1. 班机运输

班机运输是指根据班期时刻表，按照规定的航线，定机型、定时刻的客、货、邮航空运输。班机运输一般有固定的航线、固定的始发站、途经站和目的地。航空公司一般使用客货混合型飞机，一方面搭载旅客，另一方面又运送少量货物。但一些较大的航空公司在一些航线上开辟定期的货运航班，使用全货机运输。

班机运输具有准确迅速、方便货主的特点，但舱位有限，较大批量的货物不能及时出运，往往需要分期分批运输。

2. 包机运输

包机运输是指包用民航飞机，在固定航线或非固定航线上飞行，进行客、货或客货兼载的航空运输。包机运输方式可分为整机包机和部分包机两类。整机包机即包租整架飞机，指航空公司按照与租机人事先约定的条件及费用，将整架飞机租给包机人，从一个或几个航空港装运货物至目的地的运输方式。这种方式适用于大批量货物运输；部分包机是由几家航空货运公司或发货人联合包租一架飞机或者由航空公司把一架飞机的舱位分别租给几家航空货运公司装载货物的运输形式。部分包机用于托运不足一整架飞机舱位但货量又较重的货物（1t 以上）运输。

包机运输可以解决班机运输舱位不足的问题，弥补没有直达航班的不足，而且不用中转，可减少货损、货差或丢失的现象。

3. 集中托运

集中托运是指航空货运代理公司将若干票单独发运的、发往同一方向的货物组成一整批，填写一份总运单发运到同一目的港，由集中托运人在目的港指定的代理人收货，再根据集中托运人签发的航空分运单分拨给实际收货人的运输方式。这种运输方式在航空货运中使用较普遍，也是航空货运代理公司的主要业务之一和盈利的主要手段。

集中托运可节省运费，方便货主使用，提高飞机使用效能。

4.航空快递

航空快递又称快件，是指航空快递企业利用航空运输，从发件人收取快件并按承诺的时间将其送达指定地点或收件人的门到门服务方式。航空快递由专业经营该业务的航空货运公司与航空公司合作，派专人以最快的速度，在货主、机场和用户之间传送货物，是目前航空运输中最快捷的运输方式。

五、管道运输设施设备

管道运输是一种集运输工具和运输路线于一身的运输方式，货物直接在管道内凭借高压气泵的压力移动而被送达目的地。

（一）设施设备构成

1.输油管道

长距离输油管道由输油站和管道线路两大部分组成。

（1）输油站。

输油站是管道干线为输送油品而建立的各种作业场所。按其所处的位置分为首站、中间站和末站。

首站是输油管道的起点，通常位于油田、炼油厂或港口附近，主要任务是接收来自油田或海运的原油，以及来自炼油厂的成品油，经计量后加压输往下一站。首站的设备主要有输油泵，还有较多的油罐。

中间站设置在输油管道沿线，主要任务是对所输送的油品加压、升温。中间站的主要设备有输油泵、加热炉和阀门等。

末站是输油管道的终点，通常是收油单位的油库、转运油库或两者兼而有之。主要任务是接收管道来油，将合格的油品经计量后输送到收油单位，或变换运输方式后继续运输。

（2）管道线路。

管道线路包括管道、沿线阀室、穿越山谷河流设施和管道保护设施等。为保证长距离输油管道的正常运营，还设有供电和通信设施。

2.天然气管道

天然气管道主要是由矿场集气管网、干线输气管道（网）、城市配气管网以及与此相关的站、场等设备所组成的连续、密闭的整体。长距离输气干线上分布着若干个输气站，按其作用不同分为压气站、调压计量站和储气库。

压气站在管道的起点和中途，为天然气的输送提供或补充必要的压力能量。调压计量站设在输气管道分输处和末站，主要任务是调节气流压力和测量气体流量，以给城市配气系统分配气量及分输给储气库。储气库是为解决输气均衡和气体消费不均衡之间的矛盾而建立的，通常设在管道沿线或终点。

天然气从气田的各井口装置采出后，经矿场集气管网汇集到集气站，再由集气站输往天然气处理厂进行净化处理，然后送入长距离输气管道，送往城市和工矿企业的配气站。在配气站上经过除尘、调压和计量后，由配气管网输往用户。

3.浆液管道

浆液管道的基本组成部分与输油、输气管道大致相同，另外还有一些制浆、脱水干燥设备。以煤浆管道为例，整个系统是由浆液制备系统、输送管道和浆液后处理系统组成。包括煤水供应系统、制浆厂、干线管道、中间加压泵站、终点脱水与干燥装置等。

（二）管道运输运用

管道运输按输送对象分为原油管道运输、成品油管道运输、天然气管道运输、煤浆管道运输等。

1.液体管道运输

液体管道运输也称输油管道，主要用来输送原油和成品油。输油管道是连接相互间距离较长的油田、炼油厂、用油单位或海运港口的长距离液体管道。

2.气体管道运输

气体管道也是天然气管道，主要用来输送从气田采出的天然气。由于天然气的液化成本较高，所以天然气在管道内通常以气体形态运输。

3.浆液管道运输

浆液管道运输是将待输送的煤、铁矿石、磷矿石、铜矿石和石灰石等固体物料粉碎成粉粒状，与适量的液体（如水、燃料油和甲醛等）配制成可流动的浆液，在管道中经泵压输往目的地，然后浆液经脱水后送至用户。

第三节　典型物流运输装备数智化应用

物流运输装备数智化应用是指通过信息化、智能化技术的应用，实现物流运输装备的无人化和智能化，完成无人化或少人化运输配送，提高运输配送效率，解决有人难以完成或不易完成的作业难题。本节重点介绍无人车、无人机物流运输配送两个数智化应用典型案例。

一、无人车在物流运输配送中的应用

（一）无人车

无人车是以计算机系统为主的智能驾驶系统，代替驾驶人员完成车辆驾驶操作，在无人工干预的情况下，完整、安全地完成车辆运输的一种智能车辆。无人车集自动控制、环境交互、视觉识别等众多人工智能技术于一体，是计算机科学、模式识别和智能控制技术高度发展的产物。

其基本原理主要包括以下几个。

（1）感知外部信息。利用激光雷达、超声波、摄像头、卫星导航模块等多种传感器，实时获取车辆的环境、道路及其他车辆的状态信息。

（2）处理感知信息。将感知信息输入到计算机处理模块，进行目标识别、车辆跟踪、障碍物预测等操作，并生成精确的虚拟环境地图。

（3）车辆路径规划。将产生的虚拟环境地图输入到路径规划算法中，规划出快速、安全、合理的行驶路径。

（4）自动控制车辆。将路径规划结果输入到控制系统中，控制车辆的转向、加减速和制动操作，保证行驶过程高效、舒适、安全。

无人车不需要人类直接操控，车辆能够利用各种自动化技术和系统感知、识别、分析、决策、控制行驶方向、速度和安全操作等行驶行为，自动规划行车路线并控制车辆到达预定目标，具备基于机器学习、计算机视觉和深度学习等技术的先进决策和控制模块，能够感知所获得的道路、车辆位置和障碍物信息，控制车辆的转向和速度，从而使车辆能够安全、可靠地在道路上行驶，在国防和国民经济领域具有广阔的应用前景。

（二）无人驾驶关键技术

无人车的关键是无人驾驶，无人驾驶技术是集传感器、计算机、人工智能、通信、导航定位、模式识别、机器视觉、智能控制等多门前沿学科于一体的综合技术，其关键技术主要包括环境感知技术、精准定位技术、决策与规划技术、控制与执行技术以及车用无线通信技术。

1. 环境感知技术

无人车在道路上正确行驶的前提是要看清周围环境，即实时采集道路状况、行人和其他车辆的位置等周边环境信息。因此，无人车需要安装各种传感器，成为车辆的

"眼睛"，承担感知环境信息的功能。

根据感知信息途径的不同，环境感知传感器可分为被动型和主动型两类，其中，被动型环境传感器如摄像头等视觉传感器，自身不发射信号，依靠光学元件和成像装置获取外部环境图像信息，通过图像处理技术计算环境对象的特征值，获取环境信息。主动型环境传感器如激光雷达、毫米波雷达和超声波雷达，自身能够主动向外部环境发射探测信号，通过接收从目标反射回来的信息并与发射信号进行比较处理，进而获得目标距离、方位、速度、姿态和形状等信息，实现全方位的环境感知。主动型传感器具有感知、测距等功能，处理数据量小，实时性好，可满足复杂、恶劣条件下执行任务的需要。

通常，无人车对于周围环境的感知主要以主动环境传感器为主、被动型传感器为辅，雷达和激光雷达用于提供关于周围物体的距离和速度信息，摄像头则用于识别交通标志、信号灯和道路标记，通过环境感知设备的集成应用和信息融合计算，可以有效获取道路状况、障碍物、交通标志等周围环境的信息，为无人驾驶提供信息基础。

2. 精准定位技术

除感知外界环境信息以外，无人车还必须准确确定自身的地理位置，两者共同构成自动驾驶的基础和核心要素，是无人车进行路径规划和任务规划的支撑。无人车在道路上行驶中进行自我定位，精确地识别自身所处的位置的方法主要有自主定位导航和网络定位导航两种。

自主定位导航技术是指依托无人车自身配置的定位导航系统，不需要外界其他协助，独立完成导航任务的方法。现有的自主定位导航主要有卫星定位、惯性导航定位、地图匹配定位以及多传感器融合定位等方法，其中，卫星定位是借助全球定位系统（Global Position System，GPS）或北斗卫星导航系统（Beidou Navigation Satellite System，BDS）进行定位；惯性导航定位就是利用惯性测量单元（Inertial Measurement Unit，IMU）检测车辆的加速度、角速度，并进行积分运算，从而获得车辆速度、位置等数据的方法；地图匹配定位是利用道路物理信息和预制高精度地图，进行实时的自动驾驶定位的方法。基本原理是将车辆行驶轨迹的经纬度采样序列与高精度地图联网，并采用适当的算法确定车辆当前行驶路段及在路段中准确位置，为路径规划提供依据。一般来讲，卫星定位和惯性导航定位都存在一定误差，而且由于交通环境复杂多变，单一的定位导航技术往往会受限于自身的不足而无法确保精准定位和导航，因此，采用多传感器融合的定位方法，如GPS/BDS+地图匹配、GPS/BDS+航迹推算＋地图匹配、GPS/BDS+ IMU等，这种组合定位技术可以弥补单一定位方法的不足，提供准确的定位支撑。

网络定位导航技术是通过无线通信网络，从服务器端下载地图数据进行定位导航的方法。车载移动设备通过移动通信网直接连接交通信息中心服务器，在服务器执行地图存储和复杂计算，对无人车辆信息进行信息交互，获取实时位置信息。网络定位导航技术的优点是不受车辆处理器存储容量的限制，计算能力强，能够存储任意精细地图，并实时更新地图数据。

3. 决策与规划技术

决策与规划技术是无人车的"大脑"，负责对感知设备收集到的信息进行处理和分析，并作出相应的决策与规划，包括环境预测、行为决策、动作规划、路径规划。

环境预测就是对无人车感知到的物体进行行为预测，并将预测结果转化为时间空间维度的轨迹传递给后续环节。其不局限于结合物理规律对物体做出预测，而是结合物体和周边环境以及积累的历史数据信息，对所感知到的物体做出更为"宏观"的行为预测。

行为决策就是在汇集所有重要的车辆周边信息的基础上，包括本身的实时位置、速度、方向，行驶线路的具体道路状况、交通规则，车辆周边一定距离以内所有的相关障碍物信息以及预测的轨迹，利用相关模型，进行深度强化学习，决定无人车辆行驶策略。

动作规划是对车辆短期甚至瞬时的动作进行规划，其功能就是在一个较小的时空区域内，具体解决无人车辆从起始点到终到点如何行驶的问题。规划的内容包括对途经的每一个具体路径点进行选择，以及到达每个路径点时，无人驾驶车辆的速度、朝向、加速度等，从而保证转弯、避障、超车等动作的顺利完成。

路径规划是指在一定的环境基础上，给定无人驾驶车辆起始点和终到点后，对车辆行驶路径的规划，其目标就是按照无人车辆自身性能指标，确定出一条无碰撞、能安全到达目标点的有效路径。路径规划技术可分为全局路径规划和局部路径规划两种，主要区别是对环境信息掌握程度和规划方法的不同。全局路径规划需要掌握所有的环境信息，根据环境地图的所有信息进行路径规划，属于静态规划；局部路径规划只需要依据传感器感知到的局部环境信息来决策当前路段所要行驶的轨迹，常应用于超车、避障等情境，适用于环境变化大或未知的场景。

4. 控制与执行技术

控制与执行技术是自动驾驶汽车的"执行机构"，主要根据决策规划技术做出的决策，控制汽车进行相应的操作，如加速、减速、转向等动作。执行技术涉及多个系统的协同工作，包括车辆的制动系统、转向系统、加速器和灯光等。通过控制与执行系统，确保安全和平稳驾驶。

5. 车用无线通信技术

车用无线通信技术（Vehicle to Everything，V2X）是无人车的"语言"与"交流方式"，是实现车辆与外部节点间的信息共享和控制协同的重要技术支撑，是确保高效、安全的无人驾驶的重要保证。无人车作为ITS的重要载体，不仅要关注车辆与周边道路环境信息，还要实现车辆与外部节点间的信息共享和控制协同。

V2X融合利用现代通信与网络技术，集成了四类关键技术，一是V2N（Vehicle to Network，车-互联网），通过网络将车辆连接到云服务器，提高收集数据的能力，不断提升无人驾驶体验效果，V2N还可提供实时路况、获取远程交通信息、发出交通事故警报等，减少拥堵、提高驾驶效率。二是V2V（Vehicle to Vehicle，车-车），实现不同车辆之间的信息互通。V2V有助于无人车获取周边车辆的相对位置、行车环境等运行信息，为行车提供防碰撞警示提醒。三是V2I（Vehicle to Infrastructure，车-基础设施），实现车辆与道路、交通灯、路障等基础设施之间的通信。V2I可为无人车提供交通信号灯状态、交通管制信号等交通道路信息，为车辆选择加减速时机和改变行驶路线提供依据。四是V2P（Vehicle to Pedestrian，车-行人），实现车辆与行人或非机动车之间的交互，主要是提供安全警告。V2P通过向无人车提供周边行人状态信息，保证行人的安全，提高道路安全服务质量。

（三）无人车在物流运输配送中的应用场景及原理

1.应用场景

随着无人车技术的不断发展与逐渐成熟，利用无人车实施物流运输服务已经成为可能。如菜鸟研发的末端物流车、京东研发的无人配送车已经在一些特定配送场景得到应用。

无人车运输配送包含末端配送和干线运输两种场景，城市物流配送是无人驾驶汽车最先运用领域，在一些园区已经尝试应用无人配送车进行快递配送，并拓展到在厂区、港口、矿区利用无人物流车进行产品或货物的短途运输。干线运输不同于其他场景，高速干线场景更加开放、环境更为复杂，对自动驾驶技术要求更高，法律法规监管也更为严格，目前除测试外，还没有真正的商业化落地项目。但干线物流运输距离长、运输吨位大、人力成本高、安全风险大，存在较大的无人运输需求和巨大的市场前景。

2.应用原理

无人运输配送基本原理就是将无人车与智能网联、云计算、大数据、物联网、智能控制等新技术相结合，利用自动驾驶技术，构建集成数字化的智慧物流运输平台，以高度智能的无人车为主导，实现货物运输配送的全过程作业。无人化运输配送可大幅减少物流作业人员，提高物流运输配送效率，实现物流配送的智能化、供应链的智慧化以及产品的可追溯化，有效解决长途干线运输与"最后一公里"物流问题。

驭势科技在2022年推出了首款货箱式无人车产品——无人驾驶轻卡K10（见图2-6），可满足全天候、真无人、全场景的物流运输作业，工作范围覆盖面更广、速度更快，在大幅度提高厂区物流运行效率的同时，以更安全经济的技术帮助企业真正实现降本增效。K10具有以下特色优势。

图2-6　驭势科技无人驾驶轻卡K10示意

K10装配有激光雷达、摄像头、高精度GPS、碰撞传感器等多种传感器，在使用过程中可实现自动启停、自动倒车，融合视觉导航、激光雷达导航、GPS导航等多种技术，实现厘米级精度定位的行驶和泊车；可按需自主控制车辆行驶速度，可根据需求随时切换成有人驾驶模式；自动驾驶控制器和云脑可控制车辆进行作业区域识别、多车协同、多车自动编队、自动冲突解决等。

K10能自主检测障碍物，自主避障，避免碰撞事故的发生。在无人驾驶的情况下，人员开支得到了极大缩减。此外，无人驾驶车队还能与无人驾驶牵引车、无人叉车、AGV等厂内自动化设备柔性配合使用，无缝对接无人叉车、AGV，实现全流程的无人装卸运输，通过车辆调度，最大限度减少货物、运力、人力闲置和等待时间。

K10不仅能实现常规货物运输，还能满足生化安全要求的密闭运输，其空载通过最大爬坡度为30%，拥有与普通轻卡一样的通过性，可以广泛适用于仓储物流、制造业领域。为多种复杂厂区环境和极端天气应用场景提供无人驾驶运输作业平台。

二、无人机在物流配送中的应用

（一）无人机

1.无人机的概念

无人机是无人驾驶航空器的简称，是一种机上无人驾驶、程序控制飞行和无线电遥控引导飞行、具有一定任务执行能力、可重复使用的飞行器。无人机从狭义概念上主要指的是空中飞行器，但其实质是无人机系统，不仅包含无人飞行器本身，还包括地面测控站、发射与回收设备、地面保障设备和任务载荷设备等，无人机系统需要完备的信息技术支持。

世界第一架无人机诞生于1917年，随着科学技术的发展和对无人机应用价值认知程度的加深，无人机在物流方面逐渐得到应用，对其作业半径、承载重量、遥控距离提出了更高要求，同样也促使无人机产品向更长航程、更大载荷方向发展，被认为是解决配送"最后一公里"难题的有效手段。无人机技术的不断创新必将颠覆传统的物流作业方式，未来，物流无人机定将成为现代物流业不可或缺的智能化装备，助力物流业实现跨越式发展。

2. 无人机的构成及分类

（1）无人机的构成。

无人机的基本组成主要包括机体、电机、旋翼、LED灯、相机、遥控器以及悬挂装置等，电动机带动旋翼旋转来产生升力；相机用于拍摄周围环境：前方的LED灯表明飞机位置和机头朝向，后方的LED灯表明飞机的实时状态（正常/失控/低电压）；机体是无人机的主体结构部件，是所有设备的安放平台，内含无人机的电源、电子调速器、飞行控制系统、通信模块、起落架以及其他卫星导航等传感器。飞行控制系统是飞机的大脑，能够对飞行器的构形、飞行姿态和运动参数实施控制，通常载有加速度计、陀螺仪、气压计、罗盘等传感器，一般由它来控制各个电机的转速进而控制飞机的姿态；电子调速器根据飞行控制系统给出的控制信号调节电动机的转速。无人机能够实现悬停、垂直运动、翻滚运动、俯仰运动及前后运动；悬挂装置可搭载相应的物品。

（2）无人机的分类。

无人机系统的种类繁多、用途广泛、特点各异，不同类型无人机在尺寸、质量、航程、航时、飞行高度、飞行速度等多方面都有较大差异。

按飞行平台构型不同，可分为固定翼无人机、旋翼无人机、无人飞艇、伞翼无人机、扑翼无人机等。按用途和应用领域不同，可分为军用无人机和民用无人机。按尺度（民航法规）不同，可分为微型无人机、轻型无人机、小型无人机以及大型无人机。按活动半径不同，可分为超近程无人机、近程无人机、短程无人机、中程无人机和远程无人机。按任务高度不同，可分为超低空无人机、低空无人机、中空无人机、高空无人机和超高空无人机。

（二）无人机配送及特点

无人机配送就是利用无人机运载货物，并自动送达目的地、交付给用户的活动。

无人机配送的优势主要表现为以下四点。

1.不受道路和地形限制

无人机可采取直线运输，不受具体地形、路况限制，在某些环境和条件下，无人机运输可以起到其他运输方式无法替代的作用。在偏远乡村或山区，无人机在空中几乎可沿直线飞行，距离短、速度快。而地面路程曲折环绕、崎岖陡峻，送货时间被大幅拉长，可见，无人机送货效率高，能有效解决物流配送"最后一公里"难题。在某些山顶景区或边防哨所等依赖人力或常规交通工具无法有效补给物资的区域，也可以借助无人机来实现物资补给。

2.提升物流配送效率

相比于地面运输方式，无人机物流具有方便高效、节约土地资源和基础设施的优点。在一些交通瘫痪路段、城市拥堵区域以及偏远区域，由于地面交通无法畅行，物品或包裹配送的耗时会更长、成本会更高，有时采用传统配送方法甚至无法顺利完成，有必要创新发展无人机配送模式，特别是在地震灾区投递急救物资，在偏远山区、湖区等区域进行物资补给，采用无人机配送模式能以同样的成本实现更高的物流效率。而且，无人机配送可以合理利用闲置的低空资源，有效减轻地面交通的负担，节约基础设施的建设投入。发达国家和地区的经验表明，一些城市的高层建筑越来越多地配备直升机停机坪，一些乡镇、村落等地方，也可方便地设置无人机起降场。

3.降低物流运营成本

相比于一般的航空运输方式，无人机运输具有成本低、调度灵活等优势，并能填补现有航空运力的空白。近些年，航空货运的需求量逐年提高，有人航空运输的高成本已经制约了航空货运的发展。无人机货运的成本相对低廉，同时无人驾驶的特点能使机场在建设和营运管理方面实现全要素的集约化发展，在运力调度中也减少了对飞行员和机组人员的依赖。在很多四、五线城市之间以及区域内各城市之间，存在一定的航空速运需求，但由于距离较近、批量较小，传统的航空货运难以实施，适合发展支线无人机货运。

在适合的情景下，无人机配送方式对比传统的"人＋车"配送模式，在效率和成本上具有较大优势。无人机在常态下可全自动自主飞行，使用可充电电池能源，大大降低了无人机配送的运行成本。随着无人机产业链的日趋完善以及无人机的大规模应用，将节省更多时间、人力、能源及仓储资源，降低物流运营成本。从亚马逊和京东等企业试用情况来看，在合适的情景下使用无人机配送，能使效率提升60%~70%、成本节约60%以上。

4.解决劳动力不足难题

无人机物流可以节约人工，通过协助人力发挥"人机协同"效应能产生最佳效益。

航线自动起飞、飞行、降落（或投递），正常情况下不需要人工操作，只有在特殊情况或个别时间需要人工协助。这种模式是现代物流机械化、自动化和智能化趋势在配送环节的体现。无人机物流可以有效降低人力资源的消耗，将复杂环境下大批量的投递任务交给人和地面车辆，而将简单场景下小批量的投递任务交给无人机，可以更充分地发挥人力的灵活应变能力，减少体力消耗。

当然，无人机配送具有易受恶劣天气影响、无法避免人为破坏等缺点，需要不断探索和改进，并根据实际情况进行选用。

（三）无人机配送应用场景

无人机配送有其适用的特殊场景，目前主要有以下几种方式。

1. 大载重、中远距离支线无人机运输

一些大型无人机还可用于中远距离的支线运输，这些大型无人机的载重一般都可达到吨级，续航时间有数个小时，送货距离为100~1000km。这些大型无人机主要用于跨地区的货运，边远哨所、海岛等物资运输以及物流中心之间的货运分拨等，大多数采取固定航线、固定班次，标准化运营管理方式。无人机的投入可以大大降低物流成本。如果把支线的陆运转变为大型无人机空运，时间将会大大缩短，可极大提升快件时效和服务可靠性。相比同等级别的"有人机"，无人机至少能节省30%的运营成本，还可不受机组人员执勤时间限制，24小时皆可提供服务。

京东正在着手打造干线、支线、末端三级"无人机+通航"的智慧物流体系，以航空方式构建空中物流网络。京东还发布了可用于支、干线运输的倾转旋翼无人机VT1，一种将固定翼飞机和直升机优点融为一体的新型飞行器，具备占地面积小、垂直升降、可在空中平稳悬停等优势，具备200km以上飞行距离能力，起飞重量为200kg以上。假设一件包裹的重量是1kg，那么VT1一次可以运输200件包裹，基本可以承担跨乡镇、跨地市的无人机支线运输与快件分发业务。京东第一架基于物流运输场景需求研发的重型无人机"京鸿"载重量为1~5t，航行里程大约为1000km，巡航速度为200km/h。

顺丰正在着手建立"大型有人运输机+支线大型无人机+末端小型无人机"三段式空运网络，顺丰的无人机主要是将货物送往人力配送较难、较慢的偏远地区。2017年12月，顺丰开展了一次大吨位无人机试飞投递，利用一架大型固定翼无人机，机长10m、翼展长20m，可以承载1.2t的货物，航程可以达到3000km。

2. 末端无人机配送

末端无人机配送主要使用小型无人机，其运输距离一般在10km以内，对应地面路程可能达到20~30km，载重为5~20kg，单程飞行时间为15~20分钟，可用于急救物资和医疗用品等的运输以及快递和外卖的末端配送等业务。如京东自主研发的Y-3无人机可应用于末端配送环节，它可以在120m以下低空飞行，主要负责20km范围内的送货任务，最大载荷10kg，续航时间20分钟。Y-3无人机会把包裹集中投送到每个村庄的固定点位，由每个村庄的京东快递员与无人机进行交接，无人机自动卸货后随即返航，继续完成其他配送，村庄京东快递员将包裹交到用户手中。只要天气和空域条件允许，Y-3无人机大都会完成物流配送的"最后一公里"运输。目前，无人机配送在成本上接近人力配送的成本。随着无人机配送规模和范围的不断扩大，无人机本身的造价大幅降低，预计未来无人机配送成本可下降50%左右。

目前，无人机配送大多还在偏远地区试行，离大规模推广应用还存在很大的差距，无人机配送在城市内投入使用还需政策进一步开放。尤其是多旋翼的无人机体积往往不大，对角机翼的长度多在2m以内，受天气环境影响很大，遇到风、雨、雾、雷电的天气，很多时候就只能停飞，改成人工配送。可见，无人机配送的实际应用，还依赖于装备、运行管理以及政策规定等方面的实质性进步。

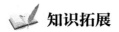 **知识拓展**

北斗卫星导航系统（BDS）

北斗卫星导航系统（BDS）是我国自行研制的全球卫星导航系统，北斗卫星导航系统由空间段、地面段和用户段三部分组成，可在全球范围内全天候、全天时为各类用户提供高精度、高可靠定位、导航，授时服务，并具短报文通信能力。

1. 系统构成

北斗卫星导航系统空间段由5颗静止轨道卫星和30颗非静止轨道卫星组成，已经具备全球导航、定位和授时能力。

2. 工作原理

（1）定位原理。35颗卫星在离地面2万多千米的高空上，以固定的周期环绕地球运行，使得在任意时刻、在地面上的任意一点都可以同时观测到4颗以上的卫星。

由于卫星的位置精确可知，在接收机对卫星观测中，我们可得到卫星到接收机的距离，利用三维坐标中的距离公式，利用3颗卫星就可以组成3个方程式，解出观测点的位置（X, Y, Z）。考虑到卫星的时钟与接收机时钟之间的误差，实际上有4个未知数，X, Y, Z和钟差，因而需要引入第4颗卫星，形成4个方程式进行求解，从而得到观测点的经纬度和高程。

事实上，接收机往往可以锁住4颗以上的卫星，这时，接收机可按卫星的星座分布分成若干组，每组4颗，然后通过算法挑选出误差最小的一组用作定位，从而提高精度。

卫星定位实施的是"到达时间差"（时延）的概念：利用每一颗卫星的精确位置和连续发送的星上原子钟生成的导航信息获得从卫星至接收机的到达时间差。

卫星在空中连续发送带有时间和位置信息的无线电信号，供接收机接收。由于传输距离的影响，接收机接收到信号的时刻要比卫星发送信号的时刻延迟，通常称之为时延，因此，也可以通过时延来确定距离。卫星和接收机同时产生同样的伪随机码，一旦两个码实现时间同步，接收机便能测定时延，将时延乘上光速，便能得到距离。

（2）卫星导航原理。跟踪卫星的轨道位置和系统时间。位于地面的主控站与其运控段一起，至少每天一次对每颗卫星注入校正数据。注入数据包括星座中每颗卫星的轨道位置测定和星上时钟的校正。这些校正数据是在复杂模型的基础上算出的，可在几个星期内保持有效。

3.系统基本性能

北斗卫星导航系统历经三个发展阶段，各阶段其主体功能基本相同，性能有所差异。目前，北斗区域系统的主要功能和性能指标如下。

（1）主要功能：定位、测速、单双向授时、短报文通信。

（2）服务区域：初期为中国及部分亚太地区提供服务；2020年起可为全球提供服务。

（3）定位精度：优于10m。

（4）测速精度：优于0.2m/s。

（5）授时精度：北斗系统具有精密授时功能，授时精度优于20ns，双向授时精度更高。

（6）短报文通信：120个汉字/次。

综上所述，北斗卫星导航系统具有以下典型特点。

（1）北斗系统空间段采用三种轨道卫星组成的混合星座，与其他卫星导航系统相比高轨卫星更多、抗遮挡能力更强。

（2）北斗三号具备导航定位和通信数传两大功能，可提供定位导航授时、全球短报文通信、星基增强、国际搜救、精密单点定位等多种服务功能。

4.应用领域

北斗卫星导航系统在军事、交通运输、农林渔业、气象测报、应急救援、公共安全等领域得到广泛应用。

📝 复习思考题

1. 公路运输车辆有哪些种类？各有什么特点？

2. 全挂车与半挂车有何特点？如何选用？

3. 铁路运输车辆主要包括哪些种类？应如何选用？

4. 影响航道通过能力的因素是什么？

5. 按照用途划分，水路运输的船舶可分为哪几类？

6. 运输管道按所输送的物品不同可分为哪几类？

7. 无人车涉及哪些关键技术？

8. 无人车适用于哪些物流场景？

9. 无人机配送具有哪些特点？有哪些应用场景？

第三章　装卸搬运装备数智化应用

学习目标

1.掌握典型装卸搬运装备的结构特点、性能参数及应用范围。

2.会合理选用装卸搬运方法及装备解决物流装卸搬运实际问题。

3.理解装卸搬运装备数智化应用的原理，初步形成实现装卸搬运装备数智化的能力。

情景导入

以蓝色为主基调的全自动化码头与一侧红白相间的传统码头形成了极强的视觉差异。从近处看，有别于传统码头的热闹喧哗，人们在码头惯常可见的桥吊司机、中转的集装箱运输车司机难觅踪影，运送货物的"主角"则是7台全自动化双小车桥吊、38台AGV、38台全自动化轨道吊及1台调箱门固定吊。整个码头空无一人，只有各种设备在高效运转，现场安静得让人诧异：激光扫描、校准，仅几秒钟时间，全自动化双小车桥吊的主小车锁定集装箱上的锁孔，抓取、抬起至高空，蓝色的桥吊携着货物到达中转平台；定位、码放，不足1分钟时间，副小车在中转平台将集装箱"转交给"AGV，整个过程无人参与，设备上安装的26个摄像头就是货物抓取、运送的"眼睛"；纯电动平板车按照指令将船上卸下的集装箱自动运送到指定位置，无人驾驶的自动化导航运输车接到货物，按照事先规划的运送路线，朝着轨道吊行进。道路上每隔几米就有一块嵌入地面的圆形磁铁，运输车的行进轨迹与磁铁精准对接，行进路线分毫不差；轨道吊迅速抓取运输车上的货物，不到半分钟，集装箱已经被准确码放在堆场上，整整齐齐、分毫不差……就这样，当天下午，在蓝色的全自动化码头，一切都井然有序地高效运行，全过程并无传统的人流穿梭、发号施令，而是安静有序、一气呵成。卸货从下午3点开始，至晚上7时左右即全部完成。

装卸搬运是在同一地域范围内进行的、以改变物的存放状态和空间位置为主要内容和目的的活动，包括装上、卸下、移送、拣选、分类、堆垛、入库、出库等内容。装卸搬运是支撑物流作业环节转换、衔接物流活动的纽带，是物流活动的重要组成部分，也是影响物流运转效率的关键，本章在构建以机动工业车辆、起重机械和连续输送机械为主体的装卸搬运装备体系的基础上，介绍装卸搬运作业方法，并分析典型的装卸搬运装备数智化应用案例。

第一节　装卸搬运装备体系

装卸搬运装备是指用来装卸、搬移、升降和短距离输送货物的各种机械的总称。是实现装卸搬运作业机械化的基础，是物流装备的重要组成部分。它不仅用于完成车辆与船舶货物的装卸，还可用于完成库场货物的堆垛、拆垛、运输以及车内、舱内货物的起重输送和搬运，装卸搬运装备应用广泛、适应性强、种类繁多。

一、装卸搬运装备分类

装卸搬运装备的分类方法较多，可从不同角度进行分类。

1.按装卸搬运装备适用对象分类

可分为通用装卸搬运机械和专用装卸搬运机械两大类。通用装卸搬运机械是指适用于多数普通场合的货物装卸搬运机械，如各种叉车、起重机、输送机、牵引车，以及与装卸搬运作业配套的附属设备，如吊具、托盘、集装箱和各种集装具等。这类机械军民通用，应用范围广，大多可以通过市场选型直接选用，也可根据用户需要进行局部改造。专用装卸搬运机械是指具有特殊功能或用于特殊场景装卸搬运的机械，如防爆装卸搬运机械、快速装车平台、集装箱掏箱机械等，这类机械一般根据用户要求进行专门定制。

2.按装卸搬运装备作业场所分类

可分为库内装卸搬运机械和越野装卸搬运机械两大类。库内装卸搬运机械是指用于仓库、场站、车间等场所的装卸搬运机械，一般为通用装卸搬运机械。越野装卸搬运机械是指用于野外路况或特殊地域条件下的机械，如越野叉车、履带起重机等。

3.按装卸搬运装备有无动力分类

可分为有动力装卸搬运机械和无动力装卸搬运机械两大类。现代装卸搬运机械大多数采用有动力的方式。按动力的类型又分电动（交、直流）装卸搬运机械、内燃（柴油、汽油、液化气）装卸搬运机械及混合动力装卸搬运机械。电动装卸搬运机械主要有桥式起重机，门式起重机，带式输送机、蓄电池叉车、牵引车等；内燃装卸搬运机械主要有汽车起重机，内燃叉车、牵引车，集装箱正面吊运车等。

4. 按装卸搬运装备操作方式分类

可分为有人操作装卸搬运机械和无人操作（自动）装卸搬运机械两大类。典型的无人操作机械有巷道堆垛机、自动导引叉车、多层料箱机器人等。

5. 按装卸搬运装备作业过程分类

可分为连续式装卸搬运机械和间隙式装卸搬运机械两大类。连续式装卸搬运机械以连续不断的方式沿规定的路线将货物从一处输送到另一处，如带式输送机、辊子输送机、刮板式输送机、悬挂式输送机等。间隙式装卸搬运机械采用间歇、反复的方式对货物进行装卸搬运，如各类起重机、叉车等。

6. 按装卸搬运装备作业内容分类

可分为装卸机械、搬运机械和装卸搬运两用机械三大类。装卸机械是指以垂直方向移动货物为主的机械，主要用于货物起吊、升降作业，如起重机、电动葫芦、升降平台等。搬运机械是以水平方向移动为主的机械，主要用于货物短距离运输作业，如牵引车、搬运车、平板拖车、手推车、输送机等。装卸搬运两用机械是指兼顾装卸和搬运两种功能，可用于货物装卸、拆码垛、短途运输作业的机械，主要有叉车、堆垛机、集装箱装卸搬运机械等。

7. 按装卸搬运装备的结构和用途分类

可分为机动工业车辆、输送机械和起重机械三大类。

二、机动工业车辆

机动工业车辆是指用于对成件货物进行装卸、堆垛、牵引或者推顶，以及短距离运输作业的动力驱动的工业车辆，主要由用于货物装卸、堆垛、搬运作业的工作装置、运行装置和动力装置等组成，根据其结构和功能特点，主要分为叉车、牵引车、固定平台搬运车三类。由于机动工业车辆往往兼有装卸和运输作业功能，并可装设各种可拆换工作属具，故能机动、灵活地适应多变的货物搬运作业场合，能高效地满足各种短距离货物搬运作业的要求，并可进入船舱、车厢和集装箱内进行杂件货的装卸搬运作业，广泛应用于仓库、港口、车站、机场、货场、工厂车间等场所。

（一）叉车

1. 叉车的构造

叉车（Fork lift truck）又名铲车、装卸车，是指具有门架和货叉，能够对货物进行升降、移动以及装卸作业的工业车辆。它把水平方向的搬运和垂直方向的起升紧密结合起来，有效地完成各种装卸搬运作业。叉车具有工作效率高、操作使用方便、机动灵活等优点，其标准化和通用性程度也很高，被广泛应用于对成件、成箱货物进行装卸、堆垛以及短途搬运、牵引和吊装工作。

叉车由自行的轮胎底盘和能垂直升降、前后倾斜的货叉、门架等组成，其基本构造如图3-1所示。主要用于件货的装卸搬运，是一种既可作短距离水平运输，又可堆拆垛和装卸载货汽车、铁路平板车的机械，在配备其他取物装置以后，还能用于散货和多种规格品种货物的装卸作业。

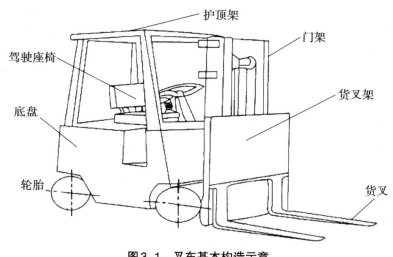

图3-1 叉车基本构造示意

2.叉车的特点

在物流装卸作业中，叉车除了和其他装卸搬运机械一样，能够减轻装卸工人繁重的体力劳动，提高装卸效率、降低装卸成本，还具有以下特点。

（1）通用性强，叉车适合多种场景，在物流的各个场景都有所应用，如仓库、车站、码头和港口的货物装卸都会用到叉车。配合使用托盘和各种自动取物装置，能使叉车的应用范围更广，完全实现装卸作业的机械化，从而可以大大提高装卸作业效率。

（2）灵活性高。叉车底盘与汽车相比较，其轮距较小，故叉车的转弯半径就很小，作业时转向灵活。同时由于叉车外形尺寸小、重量轻，能在作业区域内任意移动，适应货物数量及货流方向的改变，可以机动地与其他起重运输机械配合工作，提高机械的使用率。

（3）适用范围广。在配备与使用各种货叉、铲斗、臂架、串杆、抓取器、倾翻叉等工作属具的条件下，可以适应不同品种、形状和大小货物的装卸作业，扩大装卸货物的范围。

（4）具有装卸和搬运的双重功能。叉车是装卸和搬运一体化的设备，可将装卸和搬运两种作业合二为一，加快作业的工作效率。

（5）能提高仓库容积的利用率。叉车的堆码高度一般可达3~5m。

（6）有利于开展托盘成组运输和集装箱运输。

（7）与大型起重机械相比，叉车的成本低、投资少，能获得较好的经济效益。

3.叉车的主要技术参数

（1）额定起升重量。是指用货叉起升货物时，货物重心至货叉垂直段前壁的距离不大于载荷中心距的情况下，允许起升货物的最大毛重。叉车的选用应按照所需装卸和搬运货物的重量，参照《叉车基本形式和起升重量系列标准》选择合适的起升重量。额定起升重量系列为0.5t、0.75t、1.0t、1.5t、2.0t、3.0t、4.0t、5.0t、8.0t、10t、12t、15t、16t、20t、25t、32t、40t等。

（2）载荷中心距。是指在货叉上放置标准重量的货物，确保货叉纵向稳定时，其重心至货叉垂直段前壁的水平距离。在实际作业时，为便于评价和选用叉车，按不同的额定起重重量，规定了相应的载荷中心距值。

（3）最大起升高度。是指当叉车在平坦坚实的地面上，满载、轮胎气压正常、门架直立、货物升到最高时，货叉水平段的上表面至地面的垂直距离。

（4）门架倾角。是指当叉车无负载时，在平坦、坚实的地面上，门架相对其垂直位置向前和向后倾斜的最大角度，分别称为门架前倾角和门架后倾角。门架前倾角的作用是便于将叉取的货物卸放。门架后倾角的作用是当叉车带货行驶时，防止货物从货叉上滑落，增加叉车载货行驶时的纵向稳定性。

（5）最大起升速度。是指当叉车在坚实的地面上满载时，货物举升的最大速度。叉车的最大起升速度直接影响叉车的作业效率，提高叉车的起升速度是国内外叉车制造技术改进的共同趋势。一般大起升重量叉车的最大起升速度小于中、小吨位的叉车，同等起升重量的电动叉车，其最大起升速度低于内燃叉车，这主要是受蓄电池容量和电机功率的限制。货物下降速度一般都大于起升速度。

（6）最大运行速度。是指当叉车满载时，在干燥、平坦、坚实的地面上行驶时的最大速度。叉车主要用于装卸和短途搬运作业，而不是用于货运。所以，在运距为100~200m时，叉车能发挥出最高效率；当运距超过500m时，则不宜采用叉车搬运。我国叉车系列标准中，电动叉车最大车速一般为13km/h，内燃叉车为20km/h，最高不超过28km/h。叉车作业时，倒退行驶的机会与前进行驶的机会基本均衡，因此，对叉车倒车速度有较高要求。

（7）满载最大爬坡度。指叉车满载时，在干燥、坚实的路面上，以低速等速度行驶能爬越的最大坡度，以度或百分数表示。其满载行驶的最大爬坡度，一般由原动机的最大转矩和低档的总传动比决定。选用叉车时，其最大爬坡度应满足叉车作业的具体要求，该值应不小于进出场地的最大坡角。国产叉车标准中，满载最大爬坡度为15~20度。

（8）最小外侧转弯半径。是指当叉车在无载低速转弯行驶，且转向轮处于最大转角时，车体最外侧至转向中心的最小距离。叉车的最小外侧转弯半径是确定叉车机动性的主要参数。距转向中心最远处，通常是叉车尾部（平衡重处），在货叉加长时，也可能是货叉尖处。

（9）最小离地间隙。是指车体最低点与地面的间隙。它是衡量叉车在满载低速行驶时通过性的主要参数。叉车车体最低点可能在门架底部、前桥中部、后桥中部、平衡重下部。车轮半径增加，可使离地间隙增加，但又会使叉车的重心提高、转弯半径增大，对叉车的稳定性、机动性改善较为不利。

4.叉车的种类

叉车种类繁多，分类方法也很多，通常可按以下方式进行分类。

（1）按用途不同分类。

按用途不同，叉车可分为通用叉车和专用叉车。通用叉车是指在大多数情况下都可以使用的叉车；专用叉车又称为特种叉车，一般是指除平衡重式叉车以外的各类叉车，如堆垛式叉车、集装箱叉车、箱内作业叉车，统称为专用叉车。

（2）按叉车的使用环境不同分类。

按叉车的使用环境不同，叉车可分为库内用叉车和越野（库外）叉车。库内用叉车主要是在库内作业的叉车，基本为电动叉车；越野（库外）叉车主要是在库外或越野条件下作业的叉车，通常为大吨位柴油、汽油或者液化气叉车，如用于码头、货场、野外场地的越野叉车。

（3）按动力装置不同分类。

按动力装置不同，叉车可分为内燃动力叉车、蓄电池叉车、双动力叉车。

①内燃动力叉车，采用的动力装置是内燃机。根据动力的不同又可以分为汽油机式叉车、柴油机式叉车、液化石油气式叉车和双燃料（汽油/液化石油气或柴油/液化石油气）叉车。这类叉车的特点是机动性好、功率大，用途较为广泛，尤其适用于大吨位叉车。

②蓄电池叉车，通常称为电动叉车。这种叉车以蓄电池供给能量，用直流电驱动。电动叉车操作非常容易，没有废气污染环境，适合在室内作业。随着环保对叉车废气排放量要求的提高，这种叉车的需求有较快增长，尤其适用于中、小吨位叉车。

③双动力叉车，主要是指具有内燃和电动两种动力源的叉车。

（4）按结构特点及功用不同分类。

按结构特点及功用不同，叉车可分为平衡重式叉车、插腿式叉车、侧面式叉车、前移式叉车、集装箱叉车、拣选式叉车、步行式叉车、堆垛式叉车等。

5.常用叉车的结构特点与应用

（1）平衡重式叉车。

平衡重式叉车是指具有承载货物（有托盘或无托盘）的货叉（也可用其他装置替

换），载荷相对于前轮呈悬臂状态，并且依靠车辆的质量来进行平衡的堆垛用起升车辆。其货叉位于叉车的前部，朝向叉车的前方，由于没有支撑臂，为了平衡货物重量产生的倾翻力矩，在叉车的后部装有平衡重，以保持叉车的稳定。平衡重式叉车轴距较大，车身尺寸与重量都很大，需要的作业空间也相应要求很大。同时，货叉直接从前轮的前方叉取货物，对容器没有任何要求。其底盘较高，可使用橡胶胎或者充气胎，具有很强的爬坡能力与地面适应能力，因此普遍用于仓库、货场、车站、工厂等，尤其是在路面较差、搬运时间较长的场景进行装卸作业和室外搬运作业。由于平衡重式叉车有着很强的适应性，在叉车中的应用最为广泛，约占叉车总数的80%以上。

平衡重式叉车有蓄电池和内燃两种动力方式，电动平衡重式叉车又可分为三轮式与四轮式、前轮驱动式与后轮驱动式。转向与驱动都是后轮称为后轮驱动。后轮驱动的优点是成本较低，相对于使用前轮驱动来说容易定位，缺点是当在光滑的地板以及斜坡行走的时候，荷载提升的驱动压力会减轻，驱动轮容易打滑，现在大多数的电动平衡重式叉车都采用双电动机前轮驱动。三轮平衡重式叉车与四轮平衡重式叉车相比，转弯半径小，比较灵活，适用于集装箱内部掏箱作业。

（2）前移式叉车。

前移式叉车是指具有两条前伸的支腿，通过门架或货叉架移动进行载荷搬运的堆垛用起升车辆。其支腿较高，支腿前端有两个轮子，主要结构特点是前部设有跨脚插腿，跨脚前端装有支轮，和车体的两轮形成四轮支撑，作业时重心在四轮的支撑面中，因此比较稳定，如图3-2所示。

图3-2　前移式叉车示意

其门架或货叉可以前后移动，以便取货及卸货。前移式叉车支腿的作用是确保叉车在负载时的稳定性。从结构形式上看，前移式叉车分为叉架前移式和门架前移式两种。

前移式叉车车体较平衡重式叉车小，转弯半径小，可减小通路宽度，由于没有平衡重量的问题，因而自重轻、机动性好、操作灵活。前移式叉车主要靠电池驱动，行走速度较慢且轮子半径较小，节省通道面积，但对地面要求较高，主要适合在通道较窄的室内仓库以及配送中心及工厂厂区内作业，尤其在运行地域狭小之处宜选用这种叉车。

（3）插腿式叉车。

插腿式叉车是指带有外伸支腿，货叉位于两支腿之间，货叉本身不能前后移动，作业时载荷重心始终位于稳定性好的支承面内的堆垛用起升车辆。其特点是叉车前方带有小轮子的支腿能与货叉一起伸入货板叉货，然后由货叉提升货物。一般由电动机驱动，蓄电池供电。其优点是起重量小、车速慢、结构简单、外形小巧，适用于通道狭窄的仓库内作业，如图3-3所示。

图3-3　插腿式叉车示意

（4）侧面式叉车。

侧面式叉车是指门架或货叉位于两车轴之间，垂直于车辆运行方向横向伸缩，在车的一侧进行堆垛或拆垛作业的起升车辆。其起重机构设置在叉车车体侧面的U形槽内，可横向沿着导轨向侧面移动，货叉可以上下升降。为了抵抗起重时货物引起的翻倾力矩，在车体U字形开口两侧装有两个液压支腿，叉取货物时，液压支腿放下着地，货叉伸出并取货后，货叉升起至高于货台时，门架缩回，然后货叉下降，将货物置于叉车一侧的前后台面上，然后收起液压支腿，叉车即可行走。这类叉车主要用于装卸、搬运长件货物，如型钢、木材、管材等。

侧面式叉车一般起重范围在2.5~54.5t，大部分以柴油机驱动。

（5）托盘搬运车。

托盘搬运车是指装有货叉的步行式或乘驾式非堆垛用起升车辆，是在小范围内搬运托盘货物的小型搬运装备。这种装备的作用是在仓库内部货位之间搬运托盘，调整托盘与运输工具之间的装卸位置，在运输工具内部搬运托盘货物就位。托盘搬运车分为动力式和手动式两种。其工作原理是：先降低托盘叉的高度，使之低于托盘底座高度，叉入托盘叉入口后，再抬高叉座，将托盘抬起，利用搬运车的轮子移动托盘，到达目的地后，再降低叉座高度，从叉入口中抽出叉爪，实现托盘的位置移动。

（6）拣选式叉车。

拣选式叉车是指操作台随平台或货叉一起升降，允许操作者将货物从承载属具上堆放到货架上，或从货架上取出货物放置在承载属具上的起升车辆，广泛应用于配送中心配送拣选货物和第三方物流仓库中。

①高货位拣选式叉车。高货位拣选式叉车的主要作用是高位拣货。操作台上的操作者可与装卸装置一起上下移动，并拣选储存在两侧货架内的货物，适用于多品种少量出入库的特选式高层货架仓库。起升高度一般在4~6m，最高可以达到13m，大大提高了仓库空间利用率。为了保证安全，操作台起升时，只能微动运行。

②低货位拣选式叉车。这种叉车对操作者而言比较便利。操作者可以乘立在上下车便利的平台上，驾驶搬运车，适于车间内各个工序间加工部件的搬运，从而使操作者搬运、拣选作业的劳动强度大大降低。通常乘立平台距离地面的高度仅为200mm左右，支撑脚轮直径较小，只能在库房内平坦的路面上行驶。

（7）三向堆垛式叉车。

三向堆垛式叉车是指能在车辆的运行前方及左右两侧进行堆垛或取货的高起升堆垛车辆。该类叉车通常是转叉式叉车，其门架不动，而货叉可做旋转和侧移的动作，如图3-4所示。

图3-4　三向堆垛式叉车示意

这种叉车的设计结合了侧边负荷和配重式叉车特性，轴距较大、稳定性好、门架宽度较大、刚性好。作业时的基本动作是：先提升货物，把负载体举到所需的高度，然后旋转货叉，向左或者向右旋转，并对准所需的货位，最后侧移，在货位中取出或存入货品。

通常很多仓库面临面积小、高度高而又要求很大的储存量和很高的搬运效率等境况。如果不希望投资建设大型的自动化立体仓库，那么使用窄巷道高位货架配合三向高位堆垛式叉车是最好的选择。通常我们把三向高位堆垛式叉车及高货位拣料车称为VNA（Very Narrow Aisle），其最重要的特点是货叉可以三向旋转，或者可以直接从两侧叉取货物，在巷道中不用转弯，所需要的巷道空间是最小的。

（8）集装箱叉车。

集装箱叉车是集装箱码头、集装箱货场常用的一种专用机械，根据其功用通常分为重箱用叉车和空箱堆码用叉车（即空箱堆高机）。

重箱用叉车通常采用柴油发动机为动力，承载能力为8~45t，主要用于集装箱搬运、堆垛和装卸，可在集装箱吞吐量不大的综合性码头、集装箱堆场进行作业。集装箱叉车如图3-5所示。前叉式集装箱叉车与平衡重式叉车相似，侧叉式集装箱叉车与侧叉式叉车相似，只是取货装置为装卸集装箱专用。如果装卸10t以下的小型集装箱，集装箱叉车的货叉可以直接插入集装箱底板的叉孔内进行装卸。装卸大型集装箱时，叉车的滑架上装有专用的集装箱顶吊架，滑架起升时，靠顶吊架装卸集装箱。

图3-5 集装箱叉车示意

空箱堆高机属于场（厂）内专用机动车辆类别下的机动工业车辆，是一种配备有集装箱专用属具的内燃平衡重式叉车，广泛用于港口、码头、铁路公路中转站及堆场内的集装箱空箱的堆垛和转运。堆高机的起升装置主要由内门架、外门架、升降缸、倾斜缸、集装箱专用属具等部件组成，如图3-6所示。堆高机的一个显著特征是具有与叉车相似的内、外门架。堆高机通过控制内、外门架之间的升降缸使内门架升降，利用倾斜缸的动作使门架在一定角度范围内前倾或后仰，以完成集装箱对接及码放。堆高机门架的高度通常较高，在内门架上升到极限位置时，其堆垛层数可达到9层。堆高机的装运对象通常为空集装箱，额定起重质量通常在8~10t，因为其专用属具沿门架垂直升降，因此堆高机只能对外侧的集装箱进行堆垛，无法实现跨箱作业。

图3-6　空箱堆高机示意

（9）越野叉车。

越野叉车又叫野战叉车，越野叉车是指在未经平整的地面或表层被破坏的场地上进行装载、起升和搬运作业的轮式平衡重式车辆。适用于野外沙土地、泥泞地、雪地，以及码头、货场等路况条件较差的环境下物资的装卸、拆码垛和短途搬运作业，具有良好的机动性、越野性和可靠性。

越野叉车有多种结构型式，主要特点如下。

①具有良好的通过性和越野性全轮驱动。轴间不设差速器，采用大直径、宽基越野充气轮胎，附着性、减震性能好，车辆最小离地间隙300mm以上、离去角达30°以上。

②一般采用铰接车架。车架的摆角可达±30°~40°，转向系统简单，不需要用昂贵的转向驱动桥，可实现较小的转弯半径，操纵方向盘使车架水平摆动，令货叉易于对准物料。小吨位越野叉车则可采用整体式车架，单桥驱动，驱动桥带有差速锁。

③具有自动调平功能。越野叉车的后桥与车架固定，前桥可以相对车架作垂直摆动±8°~12°。在车架和前桥间设置有支承液压缸，当叉车进行起升作业时，通过操纵液压缸使起升门架保持侧向铅垂状态；在叉车行驶时，令液压缸上下腔油路经阻尼孔串通，有利于改善车辆的行走平顺性。

④有较大的轴距和轮距。增加叉车横向和纵向稳定性。

⑤有良好的机动性。越野叉车最大车速可达30~40km/h，行驶加速性好，且具有25°~30°的爬坡能力。

⑥有较大的门架倾角。一般为前倾角为10°~15°，后倾角15°可确保其在不平地面上进行安全作业及行驶。

　　越野叉车有门架式和伸缩臂式两种形式。门架式越野叉车的工作装置结构形式和平衡重式叉车相同，区别在于具有截然不同的底盘结构，如图3-7所示。伸缩臂式越野叉车是指带有可伸缩的、不可回转或在车辆纵轴方向两侧的任一侧回转动作不超过5°的铰接臂，用于载荷堆垛的平衡重式起升车辆，如图3-8所示。伸缩臂式越野叉车的货叉安装在可以伸缩的长臂前端，货叉具有提升和前伸的功能，起重可达4.5t，可进行掏装箱、越障装卸作业等，稳定性强、驾驶人员视野好，通过变换叉车属具可进行多种作业。

图3-7　门架式越野叉车示意

图3-8　伸缩臂式越野叉车示意

　　除上述形式的叉车外，叉车还有其他的形式，比如满足特殊场景需要的防爆叉车，可以用于弹药、危险品等存在爆炸性危险的货物装卸搬运；实现一机多用或者满足特殊用途的叉车，如转置式叉车、两栖式叉车等。跨车也是叉车的一种，它是一种高架式叉车。这种叉车一般是由内燃机驱动的，起重量范围在10~50t。货叉在两边门腿的内侧，叉尖指向内部，主要对长大笨重件和集装箱进行装卸搬运和堆码作业。跨车根据用途，可以分为通用跨车、集装箱跨车、龙门跨车等多种类型。跨车起重量大、运行速度较高、装卸速度快，甚至可以做到不停车装卸，但跨车本身的重量主要集中在上部，重心高，空车行走时稳定性不好，所以对地面的平整度有较高的要求。

（二）牵引车

1.牵引车的概念

牵引车是指装有牵引连接装置，专门用来在地面上牵引平板拖车或其他车辆的工业车辆。如图3-9所示。

图3-9　牵引车示意

根据采用的动力方式，牵引车可分为内燃牵引车、蓄电池牵引车和混合动力牵引车。内燃牵引车是以内燃机为动力，用于牵引挂车或其他非机动车辆的专用工业车辆，主要用于室外的牵引作业。蓄电池牵引车由电机带动，主要用于室内的牵引作业。混合动力牵引车通常采用油电混合驱动方式，以充分发挥蓄电池牵引车噪声小、无废气排放以及内燃牵引车动力强劲的优势，可在不同场景下切换使用。

根据牵引车结构用途，可分为坐驾式和站驾式牵引车。其结构紧凑、外形小巧，主要用于狭窄场所工作。

2.牵引车的主要技术参数

（1）最大挂钩牵引力。

在牵引车和负荷车之间装置拉力传感器，负荷车挂钩中心离地高度应与牵引车挂钩中心离地高度一致，牵引车以最低档最大运行速度行驶，车速稳定后，用负荷车加载，使牵引车车速平稳下降，直至发动机熄火（液力传动牵引车为液力变矩器失速状态）或驱动轮完全滑转为止时的挂钩所产生的最大水平拉力。

（2）额定挂钩牵引力 。

在牵引车和负荷车之间装置拉力传感器，负荷车挂钩中心离地高度应与牵引车挂钩中心离地高度一致，牵引车以最低档最大运行速度行驶，车速稳定后，用负荷车加载，使牵引车车速平稳下降，当牵引车速度达到不低于10%最大运行速度（牵引车无拖挂）时的挂钩所产生的最大水平拉力。

（3）额定牵引质量。

牵引车以额定挂钩牵引力牵引的所有拖车总质量。

（4）自重。

包括辅助设备和属具，即内燃牵引车油箱中充满燃油，车辆无载及无驾驶员时，车辆可立即投入使用的全部质量。

3.牵引车的应用

牵引车通常是与平板拖车配合作业，牵引车没有取物装置和载货平台，不能装卸货物，也不能单独搬运货物；平板拖车有载货平台，但自身无法自主运动，需要用牵引车拖带，通常一辆牵引车与铰接的几辆平板拖车组成列车，物品往往存放在平板拖车中，利用牵引车来解决不同区间物品的高效运输。

三、输送机械

输送机械是指以连续的方式沿着一定的线路从装货点到卸货点均匀输送散料或成件包装货物的搬运设备。

（一）输送作业特点

货物输送是装卸搬运的一种主要作业方式，使用输送机械进行货物搬运作业时，被输送的货物以连续方式分布在输送机承载构件上，整个输送过程可在不停机的情况下进行，货物沿着一定的线路不停地输送，搬运效率高，适合大批量、固定场景的货物装卸搬运。货物输送不仅可以起到衔接各物流环节的作用，还具有连续作业、暂存缓冲等功能。输送机械作业方法和使用机械设备与叉车、起重机作业有本质不同。

散料货物、件杂货、集装单元货物都可以使用输送机械进行搬运，但适用的输送机械结构会有所区别。

（二）输送机械技术参数与分类

1.技术参数

输送机械是物流配送中心必不可少的重要搬运设备，它有水平和垂直输送之分，也有整箱和托盘输送之分。无论什么形式的输送机械，衡量其性能的参数主要有输送能力、输送速度、输送长度和倾角、构件尺寸等。

①输送能力是指单位时间内输送的货物量。输送散装货物时，以每小时输送物品的质量或体积计算；输送成件货物时，以每小时输送物品的件数计算。

②输送速度是指货物在输送机上沿着输送路径移动的速度。提高输送速度可以提高输送机的输送能力，但速度增加会引起输送振动、噪声和制动等问题，因此输送速度不宜过大，要根据具体条件确定。

③输送长度和倾角是指输送线路的长度和倾斜角度，影响输送机的总阻力和驱动功率。

④构件尺寸包括输送带宽度、板条宽度、料斗容积、管道直径和容器大小等，影响输送货物的适用性和输送机的输送能力高低。

2.分类

输送机械按照货物搬运空间分类，有水平输送设备和垂直输送设备，其中，水平输送设备主要实现物品在水平方向的移动；垂直输送设备主要实现物品在垂直方向的运动，根据运行方式又可分为往复式垂直输送机、连续式垂直输送机、螺旋式垂直输送机等。输送机械按动力源的不同，可分为重力式输送机和动力式输送机两种；按承载方式的不同，可分为皮带输送机、滚筒输送机（辊子输送机）、链条输送机、链板输送机、悬挂输送机等；按机架能否伸缩，可分为伸缩式滚筒输送机和不可伸缩滚筒输送机。

（三）典型输送机械

1.重力式输送机

重力式输送机是以输送物品本身的重量为动力，在一倾斜的输送机上，由上往下滑动实现物品的输送。具有结构简单、运行成本低、易于安装和扩充等特点。

（1）重力式滚轮输送机。

重力式滚轮输送机通过安装于输送机框架上的支撑轴和滚轮承载并输送货物，相邻支撑轴上的滚轮交错排列，转动灵活。重力式滚轮输送机的主要特点是重量轻、易搬动、装卸方便。对于表面较软的物品，如布袋之类，滚轮较滚筒有较好的输送性。但是，对于底部有挖空的容器，则不宜使用滚轮输送。为使物品输送平稳，任何时候一个物品都最少要有分布在三根轴上的5个轮子进行支撑，如图3-10所示。

常用的滚轮输送机宽度一般为300mm、400mm、500mm和600mm。标准长度为1.5m、2m和3m。单位长度的滚轮数量取决于输送物品的大小，较小物品要求配置多的滚轮。

根据实际情况需要，滚轮输送机可以组合成直线式、转弯式和分支式三种。转弯式有45°和90°。转弯式的滚轮平均倾斜角只有直线式的1/2。为了保持物品输送的方向性和平稳性，转弯内侧半径尺寸最小应等于物品长度，物品比输送机宽度两边

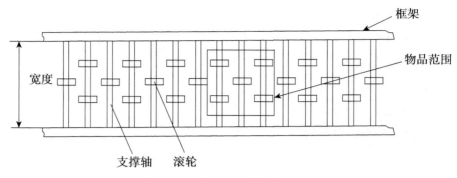

图3-10　重力式滚轮输送机示意

小50mm。在选择输送机时，应根据滚轮输送机标准宽度来设定物品包装箱的长度和宽度。

（2）重力式滚筒输送机。

重力式滚筒输送机主要由一系列以一定间距排列的传动滚筒、机架和支腿组成，依靠无动力滚筒输送成件货物或托盘货物，如图3-11所示。适用于各类箱、包、托盘等件货的输送，散料、小件物品或不规则物品需放在托盘或周转箱内输送，具有结构简单、可靠性高、使用维护方便、输送量大、速度快，能够实现多品种共线分流输送的特点，应用范围远远大于重力式滚轮输送机。

图3-11　重力式滚筒输送机示意

为确保货物能够平稳输送，任何时候最少要有3个滚筒与输送物品保持接触，如图3-12所示。对软袋包装物一般应加托盘输送，才能保证输送机正常工作。

图3-12　重力式滚筒输送机平稳输送条件示意

2.动力式输送机

动力式输送机是以驱动装置将动力传给输送装置，通过输送装置运动实现物品输送的机械，根据输送装置的不同，可分为链条输送机、滚筒输送机、带式输送机。可根据物品特性来选择动力式输送机的类型。如果物品有不规则表面，如邮包之类，只能选用带式输送机；一般规则物品如纸箱、托盘，则可选用链条输送机或滚筒输送机；如果重量较大物品，则选用动力式滚筒输送机。此外，带式输送机具有间隔控制物品、储积释放和精确定位等功能，滚筒输送机也可实现物品的分类与储积。

（1）动力链条式输送机。

动力链条式输送机用绕过若干链轮的无端链条作输送构件，由驱动链轮通过轮齿与链条的啮合将圆周牵引力传递给链条，在链条上输送货物，如图3-13所示。主要用于输送单元负载，如盘、料箱等。在物流中心多使用滑动式链条输送机和滚动式链条输送机。

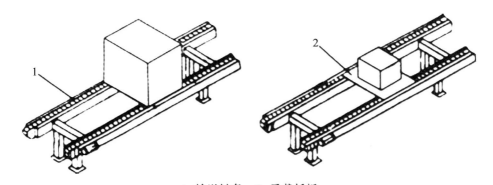

1-输送链条　2-承载托板

图3-13　动力链条式输送机示意

①滑动式链条输送机。由链条承受货物，链条直接在导轨上滑行，如图3-14所示。因为摩擦力大，故滑行导轨应采用摩擦系数小且耐磨的材料。这种输送机被用于轻物品短距离的输送。滑动式链条输送机虽然结构简单、维护容易、造价低，但噪声大、动力损耗大、承载能力小。为此，逐渐被滚动式链条输送机所取代。

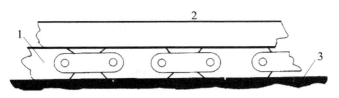

1-输送链条　2-承载托板　3-滑行导轨

图3-14　滑动式链条输送机输送方式示意

②滚动式链条输送机。滚动式链条输送机如图3-15所示，由于是滚动摩擦，摩擦阻力小、动力损耗低、承载能力大。滚子一般由钢材制成，有时为了降低噪声，也用工程塑料。滚动式链条输送机输送速度较慢、构造简单、易维护。常用于自动化立体仓库前段及配送、包装等区域。

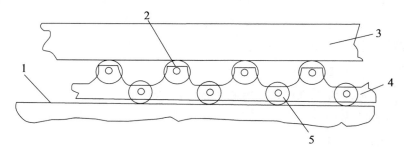

1-滑行导轨　2-承载货物滚子　3-承载托板　4-输送链条　5-导轨滚动滑行滚子

图3-15　滚动式链条输送机示意

（2）动力滚筒式输送机。

动力滚筒式输送机主要由传动滚筒、机架、支架和驱动装置组成，如图3-16所示。传动滚筒起驱动和导向作用，具有结构简单、使用方便的特点，其应用范围较广，常用于储积、分支、合流和较重负载的输送，此外，还可用于油污、潮湿、高温和低温环境。

图3-16　动力滚筒式输送机示意

动力滚筒式输送机有平带驱动、圆带驱动、链驱动等多种方式。承载滚筒的选择和间隔大小与承载物品尺寸大小、重量等有关。

（3）带式输送机。

带式输送机是一种利用摩擦驱动以连续方式运输物料的机械，是应用广泛的一种输送机械，它是由一条封闭的输送带和带动力的承载构件连续输送物料的机械，其特点是运行平稳可靠，易实现自动化，可用于工厂、仓库、车站、码头、矿山等场合。适用于松散密度为 0.5~2.5t/m³ 的各种颗粒、粉状物料和质量不大的成件物品的输送。

带式输送机一般由输送带、支撑装置、驱动装置、张紧装置、制动装置和改向装置等部分组成，其工作原理是封闭输送带绕过驱动滚筒和张紧滚筒，利用输送带与滚筒之间的摩擦力来带动输送带运动，物料通过装载装置或人工送到输送带上，随输送带一起运动到卸载点，通过卸载装置或人工从输送带上卸出。

带式输送机可以做成水平输送机，也可以做成有一定坡度的输送机。有固定的带式输送机，也有可移动的带式输送机。

四、起重机械

起重机械是一种以间歇式作业方式对物料进行起升、下降和水平运动的机械设备的总称，也称为起重设备。在无法使用叉车、输送机械将货物提升到一定高度或无法实现货物装卸的场合，就需要起重机械来完成这些任务。

（一）起重机械的工作特点

起重机械的作业通常有重复循环的性质，一个完整的工作循环包括取物、提升、平移、下降、卸载，然后返回到装载位置几个环节。经常起动、制动、正反向运动是起重机械的基本特点。以吊钩起重机为例，它的工作程序通常是：空钩下降至装货点，货物挂钩，把货物提升和运送到卸货点，卸货，空钩返回原来位置准备第二次吊货。也就是说，在它每吊一次货物的工作循环中都包括载货和空返的行程。

起重机械对减轻劳动强度，降低运输成本，提高生产效率，加快车、船周转，实现装卸搬运机械化起着十分重要的作用，在现代物流装卸作业环节中得到广泛应用。

（二）起重机械的主要技术参数

起重机械的技术参数反映其技术特征，它是各种使用要求的反映，也是选择、配置起重机械的重要依据。

1.起重量

起重量是指起重机械在正常的工作条件下被起升的额定载荷加取物装置的重量，

如抓斗、电磁吸盘等。起重吊钩重量一般可忽略不计。

2.起升高度

起升高度是指起重机械可以提升物料的最大有效高度。起升高度主要根据工作需要和工作环境来决定。一般计算方法是由起重工作场地的地面至吊钩中心最高位置之间的距离。在装卸货物时，货物被提升的实际高度，往往小于规定的起升高度，这是因为货物本身和吊索工具限制的结果。

3.工作速度

起重机械的工作速度包括提升速度、走行速度、旋转速度等。提升速度指被提升的货物在单位时间内垂直位移的距离；走行速度指起重机械在单位时间内走行的距离；旋转速度指旋转式起重机的起重臂在单位时间内的旋转回数。

上述参数除旋转速度用r/min来表示外，其余的都用m/s来表示。

4.跨度和幅度

跨度是表示起重机械吊具工作范围的参数。如桥式和门式起重机的跨度是指两根走行轨道中心线之间的距离。

幅度也是表示起重机械吊具工作范围的参数。它指旋转式起重机吊钩垂直中心线至旋转轴中心线之间的水平距离。

5.外形尺寸

外形尺寸是指起重机械的最大长、宽、高尺寸。

6.自重

自重也可称为轮压。它是指起重机械在无负荷时的重量，或者每一行走轮所承担的重量和压力（起重机械的负荷有吊索具、燃料、润滑材料、水和操作人员等）。

（三）典型起重机械

起重机械的分类方法很多，可以按照结构特征、工作方式、动力、适用场景等分类，本书主要依据机械结构介绍物流中常用的几种起重机械。

1.小型起重机械

小型起重机械包括千斤顶、起重葫芦、卷扬机等。

千斤顶体积小、重量轻，靠人力驱动顶升重物。它的起重量范围大，但顶升高度小，通常用于机械、车辆检修。

起重葫芦有手拉、手扳和电动等几种。手拉葫芦、手板葫芦，轻便可靠，常用于安装维修时吊运小件设备。电动葫芦靠电动机驱动卷筒或链轮起升重物，具有结构紧凑、操作方便、价格便宜的特点。因此，在车间和仓库里得到了广泛的应用，且单独使用或用于起重机的工作机构中。若把电动葫芦固定吊挂在空中，可用地面操纵来起吊货物；若悬挂在循环封闭的工字梁上，电动葫芦则成为作业线上的起升输送设备；如果和梁式起重机、单梁门式起重机配套，则可作为起升机构来用。

卷扬机又称绞车，是由手动或电机驱动并包括卷筒、减速装置和制动装置的起重、牵引设备，以电机驱动为主，用来升降重物或作牵引动力，用途广泛，是建筑工地、厂矿企业、交通运输、仓库码头和安装工程必备的机械。

2.桥式起重机

桥式起重机是指由能运行的桥架结构和设置在桥架上能运行的起升机构组成的起重机械，具有大车运行机构、小车运行机构和起升机构三大工作机构。这类起重机多是有轨运行方式，完成固定矩形空间的吊、运作业。在起重机械中，桥式起重机用途最广、数量最多，通用化程度较高。适用于所有的工矿企业、仓库、露天场地等，进行物料的装卸、搬运、吊运。

（1）电动桥式起重机。

电动桥式起重机又称"天车""行车"，是一种用途极广的大中型起重机，如图3-17所示。

1-桥架 2-小车 3-大车运行机构 4-操纵室

图3-17 电动桥式起重机示意

其结构特点是，桥架能运行在跨越两边墙壁柱头（牛腿）建筑的高架轨道上。在特殊情况下，电动桥式起重机大车运行轨道可做成圆形，以完成圆形场地的装卸、吊运作业。电动桥式起重机的桥架既承受起吊物品重量和小车自重，又作为小车运行轨道的铺设基础，因此桥架的主梁承受弯曲和扭矩的联合作用，要求桥架具有较大的强度、较好的稳定性、足够的刚性。

（2）龙门起重机。

龙门起重机又称门式起重机，如图3-18所示。龙门起重机由具有高大桥架的大车和在桥架上运行的小车所组成的。龙门起重机的外形类似"门形"，桥架被称为门架，由主梁和在地面运行的高大支腿组成。主梁可根据要求做成单悬臂、双悬臂或无悬臂等形式。有时制成外伸悬臂形式。

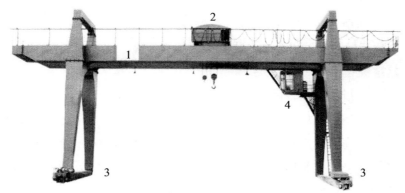

1-门架结构　2-小车　3-大车运行机构　4-操纵室

图3-18　龙门起重机示意

龙门起重机主要用于室外，进行单件和成组的长大笨重物品的吊运、装卸、安装作业。一般跨越铁路及货堆作业，所以占用通道面积小，能相应提高库、场面积利用率。由于它们能在运行空间内搬运货物，所以往往可以减少或取消其他搬运机械的配备。龙门起重机不仅可以配合其他搬运机械用于堆场装卸，而且可以全面承担堆场上的各种装卸作业，如装卸船舶、车辆等，使装卸过程趋于最简，作业环节最少。用于工矿企业、车站码头、建筑工地等处。

（3）装卸桥。

主要有散货装卸桥和集装箱装卸桥两类。

散货装卸桥即桥式抓斗卸船机，是一种桥架起重机，主要为港口码头装卸船舶所用。

集装箱装卸桥（岸边集装箱起重机）是集装箱码头装卸集装箱的专用起重机械。世界上各种专用集装箱码头均采用此种机型来承担集装箱船舶的装卸作业。

3.臂架式起重机

臂架式起重机主要利用臂架的变幅（俯仰），并通过回转机构绕垂直轴线回转，配合起升机构，扩大工作范围。这种起重机动作灵活，可以满足快速装卸要求。可分为固定回转式、移动式和浮式三种形式。

（1）固定回转式臂架起重机。

固定回转式臂架起重机直接安装在码头或库场的墩座上，只能原地吊袋。其中，有的臂架可以俯仰及回转，或者只能俯仰不能回转；或者只能回转不能俯仰。

图3-19所示为固定回转式臂架起重机。它由立柱、回转臂回转驱动装置及电动葫

芦组成，立柱下端通过地脚螺栓固定在混凝土基础上，由摆线针轮减速装置来驱动悬臂回转，电动葫芦在悬臂工字钢上作左右直线运行，并起吊重物。该类起重机结构简单、占地空间少、作业范围大、操作方便、转动灵活，适用于码头、仓库及车间等固定场所。

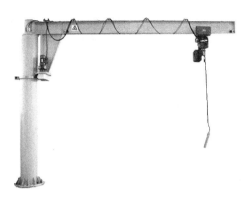

图3-19　固定回转式臂架起重机示意

（2）移动式臂架起重机。

移动式臂架起重机是具有运行底盘，能够自行或借助其他机械的牵引而在轨道或地面上行走的地面起重机。这类起重机大多由运行底盘及转盘起重机所组成。按运行底盘的特征，移动式臂架起重机可分为有轨式（如门座起重机等）、轮胎式（如汽车起重机、轮胎起重机等）和履带式三种。有轨式起重机，其运行的范围受到轨道长度的限制，一般作为库场机械或港口码头前沿装卸船机械。轮胎式和履带式起重机其运行的范围没有严格的限制，长距离调遣方便、灵活，常称为流动式起重机（流动吊）。

汽车起重机是装在标准的或专用的载重汽车底盘上的全旋转臂架起重机，如图3-20所示。

图3-20　汽车起重机示意

其车轮采用弹性悬挂，行驶性能接近于汽车。它的发动机装设在底盘上而不是转台上，具有两个分别安装在底盘和转台上的司机室，一般只能三面作业，起重作业时一般需放下支腿，因此不能吊货行驶，只能使用吊钩而不能使用双绳抓斗作业，汽车起重机行驶速度高、越野性能好，适用于分散、流动性大的作业场所。

（3）浮式起重机。

浮式起重机也称起重船或浮吊，是一种专门在水上从事起重作业的工程船舶，其用途广泛，凡在水上有起重作业需要的场景，都离不开浮式起重机。

4.集装箱正面吊

集装箱正面吊是集装箱起重机的简称，俗称正面吊。集装箱正面吊是用来装卸集装箱的一种起重机，属于起重设备的一种，也可以说是一种流动机械，用来完成集装箱的装卸、堆码和水平运输，是集装箱堆场作业重要的装卸搬运车辆。

集装箱正面吊由工程机械底盘、伸缩臂架、集装箱吊具三部分组成，底盘有发动机、动力换挡变速箱、前桥、后桥、转向系统、驾驶室、车架、配重、车轮等部件；伸缩臂架有伸缩油缸、俯仰油缸、臂架等部件；集装箱吊具有旋转机构、上架、连接架、底架、伸缩架、伸缩油缸、防摇油缸、侧移油缸、旋锁油缸等部件，如图3-21所示。

图3-21 集装箱正面吊示意

其主要技术性能参数包括起重量、起升高度、有效幅度、工作速度、转弯半径、整机外形尺寸、爬坡度、轮压和生产率等。

集装箱正面吊通过安装在伸缩臂架头部的吊具起吊集装箱，由臂架的伸缩、俯仰和吊具的回转、侧移、倾斜等动作实现集装箱的装卸和堆码作业。起重装置装在无轨运行的轮胎底盘车上，可以实现水平运输。其主要工作特点如下。

（1）能进行集装箱的多层堆码和跨箱作业。多数集装箱正面吊运机可堆码4个箱高，有的可达5~6个箱高，可跨3排箱作业。

（2）可以带载作业。集装箱正面吊可以通过臂架的伸缩和俯仰来实现变幅，同时可满足跨箱作业和联合动作。

（3）能在吊具上安装吊爪作业。在吊具上安装吊爪后，吊爪可从箱底部抓起集装箱，当集装箱载质量不大时，甚至可以连同集装箱半挂车一起抓吊，实现铁路—公路联运。

（4）可以将吊具换装成吊钩作业。当需要时，可将集装箱吊具换装成吊钩，这样就可以用于重件装卸作业。

集装箱正面吊有可伸缩和左右旋转的集装箱吊具，能用于20英尺、40英尺集装箱装卸作业，吊装集装箱时正面吊不一定要与集装箱垂直，可以与集装箱成夹角作业。在起吊后，可旋转吊具，以便通过较狭窄的通道。同时，吊具可以左右侧移各800mm，以便在吊装时对箱，提高作业效率。对于场地条件较差的货运站，正面吊也能正常作业。伸缩式的臂架，可带载变幅，集装箱的起降由臂架伸缩和变幅来完成，在臂架伸出和俯仰油缸伸出时，其起升速度较快，在下降时同时锁入，可获得较快的下降速度。在作业时，可同时实现整车行走、变幅、臂架伸缩动作，具有较高的工作效率。

五、装卸搬运装备选用

每一种装卸搬运装备都有其特定的用途和适应环境，在选用装卸搬运装备时须考虑以下因素和原则。

1.物品的装卸搬运特性和要求

装卸搬运的作业对象是物品，不同物品的物理和化学特性、外部形状、单位重量与体积、包装方式与容器直接影响装卸搬运装备的适用程度。因此，在选用装卸搬运装备时，要综合分析物品的相关特性，结合物品的种类、性质、包装和集装方式、几何尺寸和重量，以及防震、防爆等装卸搬运的特殊要求，合理选择并匹配技术特征符合的装卸搬运装备，达到既满足作业要求又降低物流成本的目的。

2.装卸搬运作业方式与作业量

装卸搬运作业方式、作业流程和作业量是影响装卸搬运装备选择的重要条件。装卸搬运作业形式不同，需配备不同的装卸搬运装备，水平搬运作业，优先选用叉车、牵引车、托盘搬运车等；垂直提升作业，优先选用起重机、升降机等；倾斜输送作业，优先选用连续输送机、提升机等设备；作业量大、持续性强的作业，应优先选用自动化程度高的装卸搬运装备。此外，应综合分析装卸搬运作业数量、作业区的日吞吐量、搬运距离远近、单一负荷的重量、外形尺寸、作业周期、有包装货物的堆垛层数和高度等因素，如长距离搬运可选用叉车、跨运车等设备，短距离搬运可选用托盘搬运车、手推车等设备，充分发挥装卸搬运装备的性能特点，实现装卸搬运装备与装卸搬运作业的合理匹配。

3.装卸搬运作业环境条件

装卸搬运作业环境条件也是配置设备时需要考虑的因素。如选择叉车时，首先应考虑作业场地是室内还是室外，其次应考虑作业区的大小及通道的长短，库房形状、构造，出入口的高度和宽度，作业区场地的光滑度、平整度、地基强度、地面质量和承重能力等因素。室内作业应优先选用电动叉车，室外作业可选用内燃叉车，野外作业需选用具有越野能力的叉车。要根据装卸搬运作业环境温度，选用相应的皮带、轴承及驱动装置和润滑系统，尤其是在寒冷区域，必须选用低温润滑油料，确保装卸搬运装备正常运行。

4.装卸搬运装备使用成本和技术经济指标

选择装卸搬运装备时，须考虑设备投资成本与作业需求之间的平衡，在满足作业需求和设备技术性能的前提下，应尽量降低成本，使装卸搬运装备具有良好的经济性。此外，所有的装卸搬运装备都需要不同程度的维护。对于构造相对简单的重力式装卸搬运系统，通常只需定期检查，以确保正常运转。对较复杂的设备，则应定期进行维护与保养。在选用装卸搬运装备时，尤其是选用复杂的装卸搬运系统，必须综合分析维护需求，将维护成本列入系统的选择及评价因素中。

选用起重机械时，不仅要考虑技术性能，还应有一定的经济指标来衡量，如利用比功率评价同一类型起重机的能耗大小。

比功率表示起重机在单位重量下所消耗的能量多少，用比功率系数$K_{功率}$表示。

$$K_{功率}=P/Q \tag{3-1}$$

式中：

P——起重机发动机的总功率（kW）；

Q——起重机的额定起重量（t）。

$K_{功率}$值越小，表明该起重机工作时能耗越少，经济性能越好。

对于不同类型和规格的起重机，可采用"费用"这项指标进行比较。"费用"是指使用起重机在规定作业时间内的总费用，或单位重量作业所需的平均费用。评价起重机的经济效果，也可以用价值工程的方法，比较价值系数的大小，综合分析起重机的技术经济性能。

$$V=F/C \tag{3-2}$$

式中：

V——价值系数；

F——产品的功能；

C——产品的总成本（生产成本+使用成本）。

V值越大，表明起重机的技术经济性能越好。

此外，选用装卸搬运装备还要考虑自动化、智能化作业需求，实现机械化、自动化、智能化的有机配合。要成套配备装卸搬运装备，与物流运输、仓储等作业相互衔接、协调一致，保证物流作业的持续高效运行。

第二节　装卸搬运作业特点与方法

装卸是指在运输工具间或运输工具与存放场地（仓库）间，以人力或机械方式对物品进行载上载入或卸下卸出的作业过程。搬运是指在同一场所内，以人力或机械方式对物品进行空间移动的作业过程。装卸搬运既可以使用各种机械设备进行作业，又离不开大量的人工作业，是一种劳动密集型、耗费人力高的物流活动。装卸搬运作业内容复杂，发生次数频繁，影响因素众多，合理选用装卸搬运作业方法和装备对提高装卸搬运效率、降低装卸搬运成本具有重要意义。

一、装卸搬运作业特点

1.装卸搬运作业是附属性、伴生性运动

装卸搬运作业是物流每一项活动开始及结束时必然发生的活动，因而有时被人忽视，有时被看作其他操作不可缺少的组成部分。例如，对于"汽车运输"而言，就包含了伴随的装卸搬运；仓库中泛指的保管活动，也含有装卸搬运活动内容。

2.装卸搬运作业是支持性、保障性活动

装卸搬运作业的附属性不能理解成被动的，实际上，装卸搬运作业对物流活动有一定的决定性。装卸搬运作业会影响物流活动的质量和速度，例如，装车不当，会引起运输过程中的货物损失。许多物流活动只有在有效的装卸搬运作业支持下，才能实现高效率、高水平运行。

3.装卸搬运作业是衔接性的活动

在任何物流活动互相过渡时，都是以装卸搬运来衔接。因而，装卸搬运作业是物流各功能环节之间能否形成有机联系和紧密衔接的关键。能否建立一个有效的物流系统，关键要看这一衔接是否有效，先进的联合运输物流系统就是要着力解决这种衔接才出现的。

二、装卸搬运作业方法

装卸搬运作业与装卸搬运对象和作业场景有直接关系，根据按作业对象（货物）

的外部形态不同，可采用单件作业法、集装作业法、散装作业法，每种装卸搬运作业方法需要使用不同的装卸搬运装备。

（一）单件作业法

单件作业法就是将货物进行单件、逐件的装卸搬运，是人力作业阶段的主导方法。目前，长大笨重货物、不宜集装的危险货物及行包等仍采取传统的单件作业法。单件装卸搬运一般采用人工进行作业，但随着装卸搬运装备的不断发展，一些装卸搬运机械和自动化设备也被应用于单件作业，尤其是大件重载货物、大批量的单件货物的装卸搬运，更需要采用机械作业或自动化作业。

（二）集装作业法

集装作业法是先将货物集零为整，形成集装单元后再进行装卸搬运的作业方法。根据集装方式的不同，可分为集装箱作业法、托盘作业法、网袋作业法、货捆作业法、滑板作业法及挂车作业法等。

1.集装箱作业法

集装箱的装卸搬运可采用吊上吊下方式或滚上滚下方式进行作业。

（1）吊上吊下方式。

在集装箱码头使用岸边集装箱起重机进行集装箱船舶装卸作业，在铁路站台可以使用龙门起重机或集装箱正面吊进行集装箱装卸。以港口码头和集装箱货场转运为例，装卸搬运作业方式有以下几个。

①底盘车方式。岸边集装箱起重机将集装箱从船上直接卸到底盘车上，用牵引车把底盘车拖到货场，按顺序排列起来；或者，用牵引车将货场上装有集装箱的底盘车拖到码头前沿，再用岸边集装箱起重机把集装箱装上船。

②跨运车方式。岸边集装箱起重机将集装箱从船上卸到码头前沿，再用跨运车把集装箱搬运到货场排列起来；或者，用跨运车将货场上的集装箱搬运到码头前沿，再用岸边集装箱起重机把集装箱装上船。

③轮胎式龙门起重机方式。岸边集装箱起重机将集装箱从船上卸到码头前沿的拖挂车上，然后拖到货场，采用轮胎式龙门起重机从拖挂车上吊下集装箱并堆码；或者，在货场上用轮胎式龙门起重机将集装箱装到拖挂车上，拖到码头前沿，用岸边集装箱起重机把集装箱装上船。一般轮胎式龙门起重机可跨6列集装箱和1条拖挂车道，并可堆码4层。

④轨道式龙门起重机方式。岸边集装箱起重机将集装箱从船上卸到码头前沿的拖挂车上，然后拖到货场，采用轨道式龙门起重机从拖挂车上吊下集装箱并堆码；或者，在货场上用轨道式龙门起重机将集装箱装到拖挂车上，拖到码头前沿，用岸边集装箱

起重机把集装箱装上船。

轨道式龙门起重机与轮胎式龙门起重机相比，可跨越的集装箱列数更多，可堆码的集装箱高度更大。

（2）滚上滚下方式。

滚装运输是货物通过自身车轮或其他滚动行驶系统驶上、驶下（驶离）滚装船舶而实现的运输活动。采用滚装船运输集装箱时，将集装箱拖挂车直接牵引至船舱或从船舱牵引至码头，用叉车把集装箱直接叉装到船舱或叉下船舱的装卸搬运作业称为滚上滚下方式。

近年来，滚装船在运输各种车辆、载货拖挂车及集装箱和托盘货物中得到广泛应用。滚装运输应用滚上滚下方式装卸集装箱与吊上吊下方式相比，装卸速度要快30%左右，不需要在港口安装价格昂贵的大型专用起重机械，装卸费用低、集装箱的破损率低，有利于组织集装箱"门到门"运输，而且，滚上滚下方式可以减少集装箱在港的装卸环节，大大缩短船舶在港口装卸货物的时间、船舶在港停泊时间，提高了船舶运输效率。对于单航程在一个星期以内的航线，采用滚装运输最为合理。但滚装集装箱船的造价比吊上吊下集装箱船高10%左右，其载重利用系数仅为吊上吊下集装箱船的50%，每一载重吨的运费比吊上吊下集装箱船要高，滚装集装箱码头所需要的货场面积比一般吊上吊下集装箱码头要大。

2. 托盘作业法

托盘作业法就是以托盘为承载工具，将货物堆码到托盘上，形成托盘货物单元并对其进行装卸搬运的作业方法。托盘作业法可以使用叉车、托盘搬运车、托盘移动升降机、巷道堆垛机、链式输送机、码盘机等机械进行装卸搬运作业，标准化程度高，便于实行装卸搬运作业机械化自动化。

托盘不仅是一种载货台，还是活动的货台，一种"可移动的地面"，相对于堆放在地面上的货物，码放在托盘上的货物，随时都处于可以转入运动的准备状态，更容易被装卸搬运，变成易流动的"活性物体"；因此，托盘是使静态物资转变为动态货物的媒介物，托盘作业法大大提高了货物的装卸搬运活性。

3. 网袋作业法

网袋作业法是指将各种粉状、粒状或块状货物采用集装袋或集装网，先行集装再进行装卸搬运的方法。这种柔性集装工具体积小、自重轻、回收方便，可一次性使用，也可重复使用。

4. 货捆作业法

货捆作业法是利用捆装工具将散件货物捆成一个货物单元，使其在流通过程中保持不变，对货物单元进行装卸搬运的作业方法。货捆作业法通常需要使用具有与各种货捆配套的专用吊具的起重机，也可使用叉车和跨运车完成装卸搬运作业。

5.滑板作业法

滑板作业法是一种利用滑板和带推拉器的叉车进行货物装卸搬运作业的方法。滑板是由纸板、纤维板、塑料板或金属板制成的，与托盘尺寸一致的、带翼板的平板，用以承放货物组成搬运单元。与其匹配的装卸搬运机械是带推拉器的叉车。叉货时推拉器的钳口夹住滑板的翼板（勾舌、卷边）将货物拉上货叉，卸货时先对好位，然后货叉后退、推拉器往前推，货物即可放到位。滑板搬运不仅具有托盘搬运的优点，而且解决了托盘材料消耗大、流通周转繁杂、占用作业场地多等问题，但是，与滑板匹配的带推拉器的叉车比较笨重（推拉器本身重0.5~0.9t），机动性差，堆取货物时操作比较困难，装卸效率比托盘低，对货物包装与标准化的要求高，具体采用托盘还是滑板需要根据具体情况综合分析确定。

6.挂车作业法

挂车作业法是先将货物集装到挂车里，然后由牵引车将挂车拖到铁路平车上，或用大型门式起重机将挂车吊到铁路平车上的装卸搬运方法。使用的挂车有平板挂车、厢式挂车、罐式挂车、集装箱挂车等，适用范围广、装卸速度快，可以直接转换为运输状态，实现了装卸搬运与运输的一体化，适应于大批量货物的长距离运输。

（三）散装作业法

散装作业法是指对煤炭、矿石、建材等大宗货物直接进行的散装、散卸方法，散装作业法具有装卸搬运效率高、成本低的特点。散装散卸常用的作业法有倾翻法、重力法、气力输送法和机械法四种。

1.倾翻法

倾翻法是将运载工具的载货部分倾翻，将货物卸出的方法，主要用于铁路敞车和自卸汽车的卸载。作业时，敞车被送入翻车机，夹紧固定后，敞车和翻车机一起翻转，货物倒入翻车机下面的受料槽。带有可旋转车钩的敞车和一次翻两节车的大型翻车机配合作业，可以实现列车不解体卸车，卸车效率可达5000t/h。

2.重力法

重力法是利用货物的势能来完成装卸作业的方法。主要适用于铁路运输业，汽车也可用这种方法装载，重力法装车设备有筒仓、溜槽、隧洞三类，筒仓、溜槽装铁路车辆时效率可达5000~6000t/h；以直径6.5m左右的钢管埋入矿石堆或煤堆，制成装车隧洞，洞顶有风动闸门，列车徐行通过隧洞，风动闸门开启，货物流入车内，每小时可装1.0万吨~1.2万吨，一次可装5至7辆车的长隧洞斗车效率高达1.5万吨/小时。重力卸车主要指底开门车或漏斗车在高架线或卸车坑道上自动开启车门，煤或矿石依靠重力自行流出的卸车方法。列车边走边卸，整列的卸车效率可达1万吨/小时。

3.气力输送法

气力输送法是利用风机在管道内形成单向气流，依靠气体的动能或压差来输送货物的方法，主要用于装卸粮谷和水泥等。气力输送装置结构紧凑、设备简单、劳动条件好、货物损耗少，但消耗功率较大、噪声较高。近年来，依靠压差的推送式气力输送，正在不断克服上述缺点。

4.机械法

采用各种机械，使其工作机构直接作用于货物，通过舀、抓、铲等作业方式，实现装卸货物的方法。常用的机械有带式输送机，堆取料机，装船机，链斗装车机，单斗和多斗装载机，挖掘机，斗式、带式和螺旋卸船机和卸车机，各种抓斗等。港口装船多采用移动式装船机，卸船以抓斗为主。堆场作业可采用旋臂堆料机、斗轮机及门式斗轮堆取料机等。

第三节　典型装卸搬运装备数智化应用

装卸搬运装备的数智化应用是指通过数字化、智能化技术的应用，全面提升装卸搬运装备功能，实现自动化装卸搬运作业。本节重点介绍炸药产品自动装卸车系统、航空投送物资自动组板输送系统和亚洲象智能卸车机器人系统三个数智化应用典型案例。

一、炸药产品自动装卸车系统

借鉴欧美发达国家成熟的经验和技术，以易载快速装卸系统（上海）有限公司推出的移动地板为代表的自动装卸系统，为炸药生产过程产品入库自动装卸提供了良好的技术基础。自动装卸车系统包括转运车车载可移动式链板输送系统、自动码垛装车系统和自动卸车堆码系统三个部分。三个部分利用气动控制和液压动力控制原理，通过PLC程序实现各单元动作的联动控制，从而实现炸药产品入库装车、卸车自动化。

1.转运车车载链板输送系统

在炸药转运车中安装内置可移动式的链板输送机，链板输送机采用低速液压马达动力系统，通过独立的PLC程序控制，采用低压直流电伺服油泵控制，使链板输送机实现双向运动，其转速可在3~12m/min调节。在装车过程中，车载独立充电及联动控制接口与自动装车系统主程序实现自动对接，同步进行充电；在卸车过程中，车载独立充电及联动控制接口与卸车滑辊上的联动控制接口连接，由车载PLC控制系统实现联动控制。为保证转运车装载货物以后车厢底板高度始终与炸药码垛输送机构保持高度一致，在车尾设计限位锁紧装置；为防止运输过程中堆码产品因晃动而错位，从而影响自动卸车，在车厢内前壁和两侧均设置了可调式限位锁紧装置，装车前根据不同产品包装箱（袋）规格进行调节。

需要注意的是，车辆安全技术条件必须满足民用爆炸物品运输要求，安装内置链板输送机时，链板输送机应采用独立的电控系统和液压系统，其系统部件均应与车辆燃油箱、油路、热源等保持安全或有效距离；连接管线、控制部件应安装在车辆两侧防护装置以内或在车厢边缘内侧100mm以内；电控系统操作装置应固定牢靠，具备防护措施，装置中心位置距车厢后端宜在300~500mm；电控系统线路应加装金属管护套，穿过车体的线路需安装保护绝缘套；电线接头应采用插入式防爆接头；链板采用轻质铝合金材料。

车载链板输送系统如图3-22所示，车厢内置链板输送机如图3-23所示。

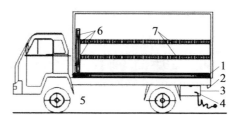

1-传输链板　2-锁紧定位柱　3-控制箱
4-充电及联动控制接口　5-液压马达
6-纵向限位装置　7-侧向限位装置

图3-22　车载链板输送系统示意

图3-23　车厢内置链板输送机示意

2. 自动码垛装车系统

自动码垛装车系统如图3-24所示，由成品皮带输送机、转向辊子及排箱辊子输送机、自动码垛机、过渡存药链板输送机及装有车载链板输送机的转运车等组成。系统全过程由PLC程序实现连锁联动控制，相连两个动作之间，后面动作未完成时，前面动作自动等待。

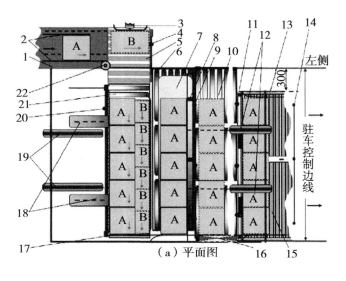

（a）平面图

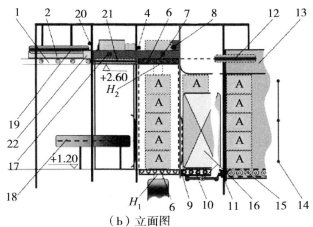

（b）立面图

1-成品皮带输送机 2、17-限位挡板 3-推箱气缸
4、8、9、11、14、19-充电或碰撞式感应器 5-转向辊子输送机
6-码垛托辊 7-码垛托板 10-过渡存药链板输送机 12-码垛托板气缸
13-转运车 15-车载链板输送机 16-装车对位调节装置 18-堆垛气缸
20-推排气缸 21-排箱辊子输送机 22-导向滚筒
A-A类炸药包装件 B-B类炸药包装件 H_1、H_2-堆码高度

图3-24 自动码垛装车系统示意

（1）自动排箱。

成品皮带输送机上的炸药包装件经过智能图像识别与处理系统进行在线检测，剔除的不合格品返回包装工序，进行返修。合格的包装件经可调式限位挡板的干预作用，使其在成品皮带输送机需要的轨迹上前行，由PLC程序控制。根据包装箱的规格、尺寸，设计两种不同的程序：A类产品排箱时，成品皮带输送机、转向辊子输送机及排箱辊子输送机同步运转；当炸药包装箱到达转向辊子输送机右侧时，经导向滚筒及转向

辊子输送机的共同作用，炸药包装箱转向，前行到排箱辊子输送机进行自然排列。B类产品排箱时，只开启皮带输送机和排箱辊子输送机，转向辊子输送机始终处于停止状态，当转向辊子输送机上的感应器识别到成品皮带输送机送入的炸药时，推箱气缸将炸药推上排箱辊子输送机后返回，等待下一箱炸药。如此重复，进入排箱辊子的炸药进行自然排列。生产结束不足一排时，手动控制进入下一程序。

（2）自动码垛。

当排箱辊子输送机上的炸药通过计数器感应达到设定的箱数时，推排气缸将整排炸药推送至已伸出的码垛托板上，侧翼挡板挡住可能提前输入的炸药。当炸药包装箱同时碰触到三个码垛感应器时，码垛托板收回，整排炸药则落到码垛托辊上，推排气缸再收回。当码垛托辊感应到重力，根据程序设计，码垛托辊从 H_2 位下降一个位次，码垛托板再次伸出，等待下一排炸药。当码垛托辊感应到荷载达到设定值时，码垛托辊下降至 H_1 位置，高度与过渡存药链板输送机水平对齐，堆垛气缸慢慢地将整垛的炸药从码垛托辊上推送到存药链板输送机上，当炸药药箱碰触到过渡存药链板输送机前端感应器时，过渡存药链板输送机开始转动。当炸药药箱离开前端感应器时，堆垛气缸退回原位等待下一堆垛，码垛托辊从 H_1 位升至 H_2 位，进入下一码垛流程，存药链板输送机继续将该码垛输送至转运车内置链板输送机上后停止；若存药链板输送机设计为多码垛输送或整车码垛输送时，存药链板输送机停止，等待下一码垛到达再依次前行，达到设定的码垛数后，再一次性将炸药堆垛送入转运车车厢内。生产结束不足一垛时，手动控制进入下一程序。

（3）自动装车。

转运车辆按照要求停靠在固定区域位置后，车厢与过渡存药链板输送机后端保持垂直，根据驻车位置调节装车对位调节装置，将过渡存药链板输送机上的炸药横向调整到合适的位置，使炸药堆垛右侧边线与转运车车厢右侧限位锁紧装置挡板基本保持在一条直线上，打开车尾高度限位锁紧装置，进入装车程序。当炸药码垛碰触到过渡存药链板输送机后端感应器时，若转运车对位连接不到位，则过渡存药链板输送机停止转动，反之，转运车内置链板输送机开始转动，其转速与过渡存药链板输送机的转速保持一致。当炸药堆垛离开过渡存药链板输送机后端感应器时，转运车内置链板输送机停止转动。依次循环，直至车厢内装满设定的堆垛数，当炸药堆垛碰触到车厢前面内壁上的感应器时，转运车内置链板输送机停止转动并开启制动系统，装车完毕，关闭车门，调节锁紧装置，运往总库。生产结束不足一车时，则手动调整堆垛参数（高度），尽量把车厢底板排满，以便调节限位装置，防止在运输过程中发生晃动而错位，影响自动卸车。

3. 自动卸车系统

（1）自动卸车系统的组成。

自动卸车系统由车载链板输送机、卸车滑轨、带叉车推出器防爆电瓶叉车等组成，如图3-25所示。防爆电瓶叉车的叉车推出器如图3-26所示。

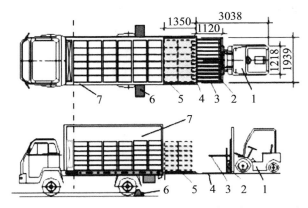

1- 防爆电瓶叉车　2- 叉车推出器　3- 侧护板　4- 叉齿
5- 卸车滑轨　6- 驻车限位装置　7- 转运车

图3-25　自动卸车系统示意

图3-26　防爆电瓶叉车的叉车推出器示意

系统运行流程如下：炸药转运车运达成品总库以后，根据驻车指示标识和限位装置，在指定的位置范围内停好车，调整卸车托辊位置，使之与车厢基本达到居中对齐，连接车载链板输送机控制线接口，打开车载链板输送机反向转动手控按钮，产品自动输送到卸车滑轨上。当产品碰触到限位感应器时，车载链板输送机停止运转，用防爆电瓶叉车将产品转运到库房内，通过叉车推出器将产品缓慢推出堆码摆放。

（2）卸车滑轨系统。

卸车滑轨系统如图3-27所示，综合工业炸药各种包装箱规格尺寸，为了确保炸药堆码不乱、叉车叉齿对位分布均匀、各单体炸药堆垛受力均匀、入库以后堆码整齐，卸车滑轨中的托辊宽度宜为60mm、间距为100mm，且托辊内架可以横向左右调节，以便卸车时托辊实现居中对位。每一间库房卸车平台安装一个卸车滑坡轨。随着技术的发展和安全性能的不断完善，今后还可以考虑在转运车上安装车用起重尾板，并在尾板上安装固定式的卸车滑轨，以节省投资和提高装卸效率。

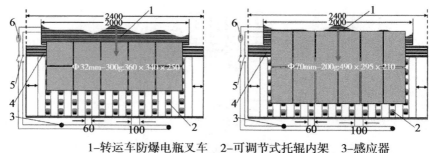

1-转运车防爆电瓶叉车　2-可调节式托辊内架　3-感应器
4-卸车托辊　5-控制器接口　6-车载链板输送机手控按钮

图3-27　卸车滑轨系统示意

（3）叉车的选型、叉齿改装及叉转方式。

在炸药成品仓库使用时，必须选择防爆型电瓶叉车，并要根据炸药成品库房门洞的尺寸确定叉车的型号、额定载荷及叉齿支架总宽度。通常，国内大多数炸药成品仓库门洞的设计建造规格为宽度1800mm、高度2400mm、有效宽度约1600mm，在不改变库房现状的情况下，叉车装载后总宽度宜小于1200mm，叉车门架静止高度宜小于1800mm，从而确保在转运过程中可以顺利地进出库房大门。为确保每一垛炸药重心平衡，对应卸车滑轨，还需要对原装叉齿进行定制改装：叉齿宽度60mm、间距100mm，叉齿数量6齿。

叉转方式：从车厢中整体输出的产品，横向堆垛分为两次转运，如图3-27所示。对于A型产品，横向先转运3列的堆垛，叉车正好6齿对位，转运剩余的两列时，则要根据库房内堆放位置的左右顺序而定，从左向右堆放时空余叉齿留在右边，反之空余叉齿则留在左边；同样的道理，对于B型产品，从左向右堆放时，先转右侧3箱产品，反之则先转左侧3箱产品，空余叉齿始终留在堆码外侧。

如果成品库房门洞宽度≥2400mm，则可以选择额定载荷大一些的叉车，将叉齿数量设计为10齿，叉齿宽度和间距不变，转运时，叉齿对准卸车滑辊中的2~11号空位，则可一次性将车厢内输出的堆垛整体转运入库。

二、航空投送物资自动组板输送系统

航空投送物资自动组板系统是针对航空投送物资自动组板设计的专用装置，其主要功能是完成物资输送组合、抓取堆码，以及集装板单元输送定位、升降组板、尺寸重量检测、堆码模型生成等基本作业功能，从而实现特定物资的自动组板操作。按系统功能进行划分，自动组板装置应包括物资输送系统、物资堆码系统、航空集装板单元（ULD）输送系统、升降组板系统、管理控制系统五大基本组成部分。在此以物资输送系统为例介绍输送机械的应用。

1.物资输送系统构成

物资输送系统主要由组板输送线和暂存输送线组成，如图3-28所示。该系统同时具备成件箱包物品的输送、积放和分类等功能，依据上面分析，采用区段积放辊子输送方式比较适合。区段积放式辊子输送机结构简单、运行可靠、维修量少、布置灵活，在输送成件箱包物品时具有明显优点，而且集等间距输送、临时储存功能于一体，利于组板物资输送。

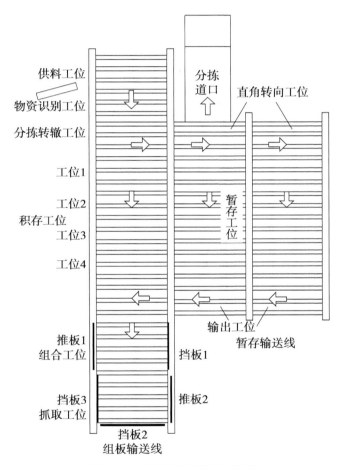

图3-28　物资输送系统构成示意

如图3-28所示，组板输送线从供料工位，经物资识别工位、分拣转辙工位、积存工位，最后到组合及抓取工位，为组板机器人输送待抓取物资；暂存输送线接收从分拣转辙工位剔出的零散物资，在直角转向工位转向后输送至暂存工位，需要组装这些物资时，依次从输出工位将暂存物资转送到组板输送线，经组合、抓取完成物资组板。

①供料工位，位于组板输送线最前端，人工搬运物资上输送线的起点。

②物资识别工位，位于组板输送线前端，用于识别物资信息。

③分拣转辙工位，位于物资识别工位后面，用于将不是实时组板的物资从组板输送线横向移送到暂存输送线。

④积存工位，位于组板输送线上，用于积存待组合抓取的物资。

⑤组合及抓取工位，输送线终点对应自动组板机器人抓取物资的工位。自动组板机器人抓取工位具有自动单元组合功能，可以把小箱包物资组合成一个大单元由机器人一次抓取。小箱包组合单元的最大底面尺寸不超过最大箱包的尺寸。

⑥直角转向工位，位于暂存输送线前端，与分拣转辙工位对接，实现分拣出来的物资的直角转向。

⑦暂存工位，位于暂存输送线上，用于暂存从组板输送线分拣出的零散物资。

⑧输出工位，位于暂存输送线末端，用于将暂存的零散物资从暂存输送线转送到组板输送线进行组板。

2.物资输送积存作业流程设计

物资输送积存作业的目的是快速、准确地为组板机器人抓取输送物资，其核心功能包括组板物资积存、零散物资分拣剔出和物资单元组合，其基本工作过程和原理如下。

物资在供料工位由人工搬上输送线，经信息识别后，按照组板堆码模型要求，直接组板的物资输送至积存工位，如需组合，在组合工位完成组合后输送至抓取工位，由组板机器人抓取组板；不属于此次组板需要的零散物资，由分拣转辙工位移送至暂存工位缓存，等待组板时，再转送至抓取工位。其流程如图3-29所示。

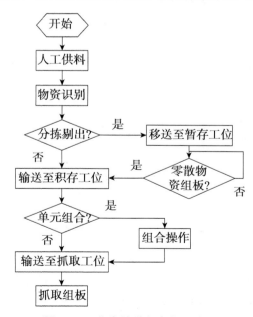

图3-29 物资输送积存作业流程

组板输送线通过采用积放式辊子输送机实现物资的积放功能。暂存输送线为一般辊子输送机，直角转向工位有物资时，辊子输送机转动向暂存工位输送物资；直角转向工位没有物资时，输送机停止转动，实现物资在暂存工位的集聚暂存。

3.小件物资自动组合机构设计

小件物资自动组合机构如图3-30所示。该机构通过两次推板的复合作业实现小件物资的组合，物资输送至组合工位，推板1将物资推向另侧挡板并靠齐，再向前输送至抓取工位顶端，然后下一件物资从积存工位进入组合工位，再次推靠到另侧挡板，输送到抓取工位与前一件物资对齐，直至一列组合完毕，由推板2推至抓取工位另侧挡板，依次往复直至该单元物资组合完毕，其作业流程如图3-31所示。

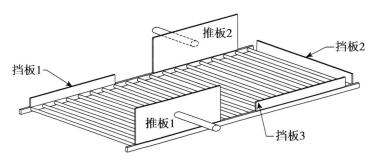

图3-30　小件物资自动组合机构原理

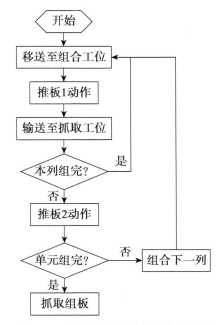

图3-31　小件物资自动组合作业流程

　　小件物资组合机构采用气动推板机构。在气缸前端安装推板，由气缸的前后运动实现物品的侧向移动。为了确保推送过程中物资箱包的平稳性，推板高度不小于最大箱包高度的1/2。三个挡板的作用都是挡住物资，其中挡板1和挡板2不与其他机构发生干涉，其高度为最大箱包高度的1/3~1/2即可；挡板3所在位置是组板机器人抓取位置，与机械手抓具存在干涉关系，其高度与抓具结构形式有关，应具体设计。

　　采用左右夹持的抓具结构时，如图3-32所示。为了保证抓具夹持箱包的稳定性，夹具的顶端至少夹持到箱包高的一半，显然挡板3的高度不能大于箱包高度的一半，如物资的最小高度为160mm，则挡板3的高度不能大于80mm，在此基础上选取能够挡住物资的适合高度即可；采用吸盘抓具机构时，挡板高度无特殊要求。

　　当抓具采用上下夹持结构时，如图3-33所示。在抓取工位的辊子间隙设置浮动式托杆。小箱包单元组合完成后，浮动式托杆将组合单元托起，使箱包离开辊子一定高度。挡板3的每个挡杆设置在辊子间隙的对应位置。抓具的下托叉从挡板3的间隙插入夹持箱包，组合单元箱包取走后，浮动式托杆下沉到初始位置。

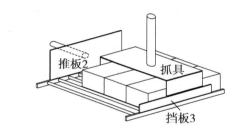

图3-32　左右夹持抓具抓取组合单元示意

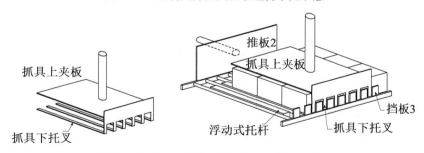

图3-33　上下夹持抓具抓取组合单元示意

三、亚洲象智能卸车机器人系统

　　兰剑智能亚洲象智能卸车机器人系统是以智能卸车机器人为核心，既可对接人工码垛，也可对接自动码垛柔性智能装卸车系统和多穿立体库智能系统，综合卸货效率达600~800箱/小时，满足200~600mm（长宽高）纸箱的柔性抓取，用于厢货、集装箱车等不同场景卸货要求。

亚洲象智能卸车机器人主要由车体部分、伸缩输送部分、中间输送部分、手部执行机构、视觉检测部分等组成，如图3-34所示。

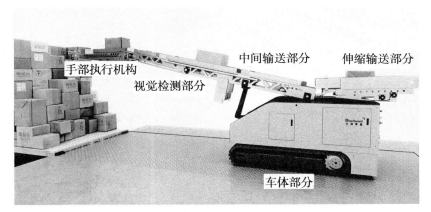

图3-34　亚洲象智能卸车机器人系统示意

1. 主要性能指标

外形尺寸（L×W×H）：7660mm×1500mm×1960mm（不含伸缩输送线）；

爬坡角度：±10°；

车体行走速度：1m/s（max）；

输送速度：1m/s（max）；

单箱货物重量：≤35kg（单抓），≤17.5kg（双抓）；

适用货厢尺寸（内宽×内高）：2900mm×3000mm（max）。

2. 特点优势

（1）高效率、无人化。亚洲象卸车效率为600~800件/小时，可实现双抓双取，配置自动码垛和自动入库系统后，可实现全程无人化，大幅降低人工成本。

（2）高安全性。运用以激光SLAM导航为主的复合导航方式，配置减速、防撞、避障等多种安全保护措施，实现设备在车厢内自动导航及360°全方位安全避障，有效防止设备对车厢侧壁、顶壁造成损坏，实现对货车、设备、纸箱的三重安全保障。

（3）高便捷性。开机一键启动，全程无需人工干预；遇到报警提示时，可快速通过复位按钮清除报警，避免造成作业延迟；人机交互界面简洁，操控简单，快速培训即可上岗操作。

（4）高柔性。运用3D视觉识别技术，可适应不同垛形、多种尺寸纸箱，满足用户多SKU纸箱大小不一的卸货需求；自主研发柔性卸车排序功能，可通过上位机对卸车路径进行规划，全程无需任何人工干预，大幅提升卸货效率。

（5）高适应性。适用于多种货车规格，满足7.6m及以上所有厢式货车的卸车需求；

适应多卸货口，大幅提升设备使用效率，节省投入成本。

3.应用场景

亚洲象智能卸车机器人系统广泛适用于鞋服、被装、食品、饮料、药品等纸箱类物资的自动卸货场景，后端可匹配对接人工码垛系统、自动码垛智能系统、多穿立体库智能系统等多种物流仓内场景，助力用户打造真正的无人仓，如图3-35所示。

（a）后端配备多穿立体库智能系统　　　　（b）后端配备自动码垛智能系统

（c）后端配备人工码垛系统

图3-35　亚洲象智能卸车机器人系统应用场景示意

 **知识拓展**

智能壁虎料箱机器人系统

兰剑智能壁虎料箱机器人是一种在高密度存储货架中自动完成料箱搬运的设备，通过水平行走、竖直提升与多种载货台的配合，实现料箱自动化出入库，是全新一代箱式智能仓储机器人。

1.构成与工作原理

智能壁虎料箱机器人由载货台、行走部装、提升部装、控制系统等组成，如图3-36所示。

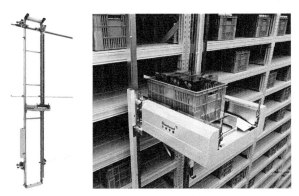

图3-36　智能壁虎料箱机器人示意

机器人通过伺服电机驱动行走轮，行走轮采用静音的聚氨酯包胶轮，四轮行走在钢制轨道上，通过外置编码器与认址孔的配合，实现高精度巷道内行走；通过伺服电机经由减速机，驱动同步带实现载货台竖直方向的提升；载货台可灵活配置选用，可采用钩取、拔杆货叉、板叉等不同样式载货台来解决不同行业的不同需求。通过Wi-Fi与WCS系统相连接，根据WCS系统任务指令，可到达巷道内任意货位，快速完成对料箱的取、放、存等动作。

2.性能指标

（1）基本参数。

货箱类型：料箱/纸箱；货箱尺寸：600mm×400mm×300mm；最大载荷能力：30kg；载货台样式：夹抱/钩取。

（2）速度性能。

最大行走速度：3m/s；最大行走加速度：$1.5m/s^2$；最大提升速度：3m/s；最大提升加速度：$1.5m/s^2$；平均取货时间：5s。

（3）定位精度。

行走定位精度：±2mm；提升定位精度：±2mm。

3.特点优势

智能壁虎料箱机器人可实现水平行走、竖直提升、双向取放货、双深位取放货、双货位取放货及不同载货台样式的组合搭配，可高效利用仓库空间。采用轨道行驶方式，无需对地面进行任何改造；灵活适配6m、9m、12m不同高度货架，货架无需改造；适应多尺寸纸箱、料箱，可实现原箱出入库，周转料箱无需定制，具有很高的适用性和兼容性；采用激光避障雷达，保障车体运行安全；采用光电检测保障货物取放安全；采用滑触线供电，24小时持续稳定供电，无须充电/更换电池，实现单机效率最大化；一车一轨，快速安装部署，柔性拓展，施工成本低，维护方便；机器人本体及配套货架采用轻量化设计、模块化安装，便于移动和复用。

4.应用场景

智能壁虎料箱机器人系统可广泛应用于中流量、箱式物资的高密集存储场景，可灵活对接接货站台、输送线、AGV搬运机器人等多种设备。具有很高的移动便捷性和复用率，可用于旧库改造，以及整套设备在不同仓库的转移复用。

复习思考题

1.应如何合理选用装卸搬运机械？

2.叉车与其他装卸搬运装备相比具有哪些优点？

3.分析滚筒式输送机、链式输送机和带式输送机各适用于哪些场景？

4.装卸搬运作业方法与货物有何关系？

5.说明起重机械有哪些类型？各适用哪些应用场景？

6.分析说明箱装产品自动装卸车系统是如何实现自动装卸车的？

7.如何应用智能卸车机器人系统规划无人仓？

第四章　仓储物流装备数智化应用

📍 学习目标

1.了解仓储基础设施的组成及功用。

2.熟悉仓储货架的结构特点，能够合理选用仓储货架。

3.掌握自动化立体库的构成、工作原理、技术特点及其应用。

4.理解仓储物流装备数智化应用的原理，初步具备实现仓储物流装备数智化的能力。

❓ 情景导入

一段菜鸟南京无人仓的视频曝出：20多台机器人从一个高密度存储仓库中，将整箱商品运出，直接送到发货出口。其中消费者购买的订单被发出后，剩下的商品被自动运回立体仓库，重新回到储存区域。这意味着菜鸟已经上线了第三代无人仓，实现了从商品储存到直接发货的全流程无人化，刷新了物流行业无人仓的技术水平。

这一代仓库机器人速度更快、续航时间更长、承重更高，并且添加了5G网络，可以通过物联网接口连接更多智能设备，打通储存、销售、订单处理、包裹拣选等环节后，菜鸟新无人仓可以直接从储存区域发货，省掉中间环节。单个仓库的吞吐能力提高一倍多，单库一天可以发货8000立方米，相当于140万箱牛奶。此外，与以往无人仓主要处理中小件、标准化的商品不同，菜鸟首次把柔性自动化技术用在大家电物流中，洗衣机、空调等大商品也能通过机器人高效处理。

仓储物流是指利用仓库及相关设施设备进行物资入库、储存、出库的活动，是现代物流的两大核心要素之一。在仓储活动中使用的设备、器具统称仓储物流装备，包括仓储保管、装卸搬运、计量养护、安全防护等设备。本章重点叙述仓储物流设施及仓储货架的种类及特点，在此基础上，介绍仓储物流装备的数智化应用实例。

第一节　仓储物流基础设施

仓储物流基础设施是用于仓储物流活动所需的、不可移动的建筑物、构筑物及场所的总称，其主要功能是储存、保管货物，是构成仓库的重要组成部分，是由库房、装卸站台、货场及其他仓储配套设施组成的有机整体，其构成和参数直接影响仓储活动的效率和保障能力。

一、库房

（一）库房分类

1.按建筑形式分类

目前，仓库库房建筑形式一般有地面库、半地下库、地下库、油罐等类型。随着仓库建造技术的不断进步，将有可能建造水中、水下仓库。

地面库，也叫明库，包括单层库、楼库、高层库、棚库、露天库或露天货场等。

地下库，也叫洞库，包括贴壁式洞库、离壁式洞库。

半地下库，包括坑道库、地下室库等。

地面库温湿度控制难度较大，隐蔽性差，地下库温湿度比较稳定，控制难度小，隐蔽性好。

2.按存放物资的方式分类

按存放物资的方式可分为平面堆码排放式库、货架库、集装箱库、罐装库。

3.按收发作业的方式分类

按收发作业的方式可分为手工作业库、机械化作业库、自动化立体作业库。

4.按储存物资的种类分类

按储存物资的种类可分为装备类库、零备件类库、消耗物资类库等。

（二）库房结构

1.主要建筑结构的组成

（1）基础。任何建筑物都要有基础，用于承受整个建筑物的重量。库房基础可以分为连续基础和支点基础两种。

（2）地坪。用于承受堆存的货物及货架。

（3）墙壁。是库房的维护及支撑结构，其作用是尽量使库房内的环境与外界气候隔离，其中承重墙的作用是与柱子一起支撑房屋上部及屋顶的重量，骨架墙及间隔墙起填充或间隔作用。

（4）库门。用于出入库及保护物资不受损失。

（5）库窗。用于库房内采光和通风。

（6）柱子。库房的承重构件。

（7）库顶。用于防雨雪和保温。库顶的外形有平顶、脊顶和拱顶三种。

（8）站台。用于货物装卸作业的主要场所，便于车辆的装卸和出入库。

（9）雨棚。通常设在出入库或装卸站台上，用于货物进出库房时，防止雨雪损坏物资。

2.库内结构的设置

（1）主通道。有足够宽度便于搬运设备、货物和人员通行的通道，一般贯穿于整个库房。

（2）横通道。与主通道垂直，用于搬运设备和人员通行的通道。

（3）消防通道。用于救火、防止火势蔓延或便于接近消防设备的通道。

（三）主要性能指标

仓库的性能指标是反映仓库和库房能力及工作状态的基本参数，是仓库规划及使用时需要考虑的基本要素。

1.仓库建筑系数

仓库建筑系数是各种仓库建筑物实际占地面积与库区总面积之比。

$$仓库建筑系数 = \frac{仓库建筑物实际占地面积}{库区总面积} \times 100\%$$

该参数反映库房及用于仓库管理的建筑物在库区内排列的疏密程度，反映总占地面积中库房比例的高低。

2.库房建筑面积

库房建筑面积是仓库建筑结构实际占地面积，用仓库外墙线所围成的平面面积来计量。多层仓库建筑面积是每层平面面积之和。其中，除去墙、柱等无法利用的面积之后的面积称为有效面积，有效面积从理论上来讲，都是可以利用的面积。但是，在可利用的面积中，有一些是无法直接进行生产活动的面积，如楼梯等，除去这一部分面积的剩余面积为使用面积。

3.库房建筑平面系数

库房建筑平面系数是衡量使用面积所占比例的参数。

$$库房建筑平面系数 = \frac{库房使用面积}{库区建筑面积} \times 100\%$$

4.库房面积利用率

库房面积利用率是使用面积中实际存放物资所占面积的一种衡量参数。

$$库房面积利用率 = \frac{堆放货物面积}{使用面积} \times 100\%$$

这个指标表示实际使用面积被有效利用的程度，也对应衡量出非保管面积所占的比重。

5.库房高度利用率

库房高度利用率是反映库房空间高度被有效利用程度的指标。

$$库房高度利用率 = \frac{货垛或货架平均高度}{库房有效高度} \times 100\%$$

这个参数和库房面积利用率参数所起的作用是一样的，即衡量仓库有效利用程度。仓库中可以采取多种技术措施来提高这一利用程度。

6.仓容

仓容是仓库中可以存放物资的最大数量，也称库容，通常用重量单位"T"表示。仓容的大小取决于面积的大小及单位面积承载物资重量的能力以及物资堆放时的安全要求。

$$仓容（T）= 仓库使用面积（m^2）\times 单位面积储存定额（t/m^2）$$

仓容反映的是仓库的最大能力，是仓库的重要性能指标。

7.仓容利用率

仓容利用率是指实际库容量与库容之比值的百分率，一般以年平均值为考核计算依据，反映库容利用之高低。

8.仓库有效容积

仓库有效容积是指仓库有效面积与有效平均高度之乘积。以往的仓库指标，主要描述平面利用的情况，按仓库指标的计算方法，仓库使用面积与单位面积储存定额之乘积，与库房高度关系不大，有时仓容并不能表示库房容积的利用情况。随着高平房仓库及立体仓库的出现，面积利用指标已不能完全反映仓库技术经济指标。仓库有效容积用来描述仓库立体的能力和利用情况。

$$仓库有效容积 = 仓库有效面积（m^2）\times 有效平均高度（m）$$

9.仓库容积利用率

仓库容积利用率是指仓库有效容积中实际使用的容积所占的比率。

$$仓库容积利用率 = \frac{仓库实际使用容积}{仓库有效容积} \times 100\%$$

10.仓库周转次数

仓库周转次数是年入库总量或年出库总量与年平均库存之比，反映仓库的动态情况，是生产性仓库和流通仓库的重要指标。在年入/出库总量一定的情况下，提高周转次数，就可降低静态库存的数量，从而用较小的仓库完成较大的任务。

$$仓库周转次数＝\frac{年入/出库总量}{年平均库存}$$

二、库房站台

（一）库房站台的功用

库房站台是库房衔接各种运输车辆的固定设施，是实现库房高效运转的一个至关重要的环节。各类库房门前，应根据使用要求设置装卸站台、回车场和装卸作业场地，形状尺寸应根据使用要求、防护伪装、地形条件等因素综合确定。

装卸站台的基本作用包括车辆停靠、装卸货物和暂存货物，利用站台能将货物装进车辆中或从车辆中取出，实现运输路线与物流节点的衔接转换。

库房站台是仓库内部很关键的一个设施，为实现仓库作业机械化，需满足"库房装卸站台与汽车厢底平面保持水平"的基本要求，从而大大提高仓库的机械化作业效率。

（二）库房站台的形式

站台类型多样，应根据库区规划、作业流程、装卸设备、气候条件等确定。

按站台高度分为高站台和低站台两种形式，高站台的站台高度与车辆高度一样，一旦车辆停靠后，车辆货台与站台处于同一水平面，有利于使用作业车辆进行水平装卸，提高装卸合理化程度。低站台和地面一样高，往往是和仓库地面处于同一高度，以利于站台与仓库之间的搬运。低站台与车辆之间的装卸作业不如高站台方便。但是，如果采用传送装置装卸货，由于传送装置安装需有一定高度，采用低站台，传送装置安装后可与车辆货台保持同等高度。此外，采用低站台也有利于叉车作业。

按照装卸站台的结构形式，一般可分为侧面停靠站台、锯齿形站台、正面停靠站台和港池型站台四种，侧面停靠站台和正面停靠站台只能组织一条装卸线对车辆进行装卸。锯齿形站台和港池型站台可以实现两个或三个方向同时进行装卸的可能，但需要较大的站台面积。

对于保温仓库，为避免库门打开所造成的能源损失，一般不设置装卸站台而采用载货汽车控制卷闸门，并对卷闸门打开后的空间进行密封。

（三）库房站台的规划因素

站台的规划设计需要根据作业性质和仓库结构，重点考虑以下几个因素。

1.作业回转空间

作业回转空间是指车辆进出及停靠站台所需的活动空间。此空间大小与车辆的长度及回转半径有绝对关系，并与站台的宽度及数目有关。依经验，以两个标准集装箱的货车为例，从站台到最近的障碍物的长度，至少要有两部车辆的长度，才能使车辆有足够作业回转空间。另外，洞库口的站台，如用牵引车与拖车作业，根据牵引车与拖车的数量对作业回转空间也有一定的要求。

2.站台高度

站台高度应根据运输车辆底板高度确定，站台高度应能满足主要类型货车高度的需求，考虑车种平均高度并尽可能缩小货车车厢底板与站台高度差，以达到提高作业效率的目的。站台高度一般可定在1.2~1.4m。如使用高度调整板时，因调整板有上下调整度，故站台高度只需定在1.2m。

3.站台宽度

站台平面尺寸应满足收发作业需要和搬运机械要求，地面库站台宽度通常按1~2台汽车同时进行收发作业确定；洞库按2~3台汽车同时进行收发作业确定。地面库门前站台长度与装卸货使用的搬运车辆型号有关，使用手动叉车所需的作业通道宽度大约是1.8~2.4m，动力叉车所需作业通道宽度大约是2.4~2.5m，因此地面库门前站台长度不宜小于2.4m，洞库洞口前不宜小于5m。装卸站台一侧宜设坡道，坡度不宜大于20%。半地下库房依据具体建筑形式和使用要求，其做法参照地面库房或洞库有关规定和要求。

4.液压登车桥的使用

一般来讲，物流仓库中由于出入库车辆种类较多，因此即使在规划设计时已考虑了不同高度的站台，也很难使全部车辆与站台相接后，都能克服车辆与站台间的间距与高度差，造成货物装卸困难。

液压登车桥是一种能实现货物快速装卸的专用辅助设备，它的高度调节功能可使货车与库房站台之间架起一座桥梁，叉车等搬运车辆通过它可顺利驶入货车车厢进行货物装卸，因此也称为装卸平台。根据结构与用途的不同，液压登车桥分为移动式和固定式两种。应依据实际需求合理选用。如图4-1和图4-2所示。

液压登车桥是最安全也是最有弹性的装卸辅助器具，移动式登车桥可直接对接货运卡车，固定式登车桥与库房站台合为一体，通过调整登车桥平台高度配合车辆底板的高度，达到快速装卸的目的。

图4-1 固定式登车桥示意

图4-2 移动式登车桥示意

三、货场

1.货场的定义

货场也称"露天仓库",是指用于堆放货物、具有货物进出通道和装卸条件的场所,也可作为停车场使用。

2.货场的要求

货场地面通常要经过一定处理,如平整、硬化,要易于清洗和排水,采用绝缘材料作整体面层时,应采取防静电措施,对于存放具有火灾危险性货物的货场,应采用不发生火花地面。一般来讲,独立成块堆场长度不小于100m,宽度不小于50m,地面荷载不小于50kPa。货场的长度除应满足面积的需要外,还应满足货运车组长度的需要。

货场内道路应综合考虑堆场建设规模、装卸工艺流程、车流组织、工程建设分期等因素,满足物流作业和集疏运的要求,合理布置并适当留有发展余地。应遵循安全高效、降低运输成本的基本原则,避免折返运输和不必要的交叉干扰。主干道宽度不宜小于25m,主干道交叉口内缘最小转弯半径不应小于15m,主干道计算行车速度宜取35km/h,其余道路计算行车速度不宜大于20km/h。

3.集装箱堆场

集装箱堆场是指在仓库内用于交接和保管集装箱的场所，主要办理集装箱的装卸、转运、装箱、拆（掏）箱、堆放保管和冲洗、修理等工作。集装箱堆场主要包括集装箱装卸作业场、拆装箱作业场、重箱存储场、空箱存储场、检修场，以及相关配套设施等。

集装箱堆场的规模包括堆场箱容量、地面箱位数、堆场面积等内容。集装箱堆场的箱容量应根据货物集装箱吞吐量、类别、平均堆存期等预测确定。集装箱堆场的地面箱位数和堆场面积，应根据堆场箱容量和相关安全要求确定。集装箱堆场的通道应满足40英尺集装箱运输车作业要求，出入口不应少于2处，出入口宽度不宜小于5m。出入口应与场外道路通畅衔接。

集装箱堆场的位置选择应充分考虑周边环境、堆场规模、依托条件，满足作业组织和货物集疏运需求，以及安全、环保、消防等要求。集装箱堆场的场址应具备良好的工程地质条件，不得选择在有土崩、断层、滑坡、流沙、泥石流等地质灾害的地区和不均匀沉降较大的地区。

危险货物集装箱堆场应与其他堆场分开，单独、封闭布置。危险货物集装箱堆场宜布置在场区的边缘区域，应远离人员密集场所和重要公共建筑，并位于当地年最大风频率的下风侧或最小风频率的上风侧。

第二节　仓储货架

仓储货架是指用支架、隔板或横梁组成的立体储存货物的设施，通常在仓库中使用。货架的基本功能是存放货物，同时具备有效保护货物、提高仓库空间利用率的功用，同时，仓储货架的使用也促进了仓库机械化和自动化作业程度的不断提高。随着仓储货架技术的不断完善，出现了许多新型货架，货架功用也得到了更加全面的发挥。

一、仓储货架分类

货架的种类很多。

（1）按货架在地面上的固定形式分类，可分为固定货架和移动货架，其中，固定货架整体相对地面固定不动；移动货架主体相对地面可移动。

（2）按货架构件间的连接形式分类，可分为焊接式货架和组装式货架。其中，焊接式货架的立柱、横梁等承载构件以整体焊接的方式连接，一旦组成就不能修改调整，缺乏灵活性；组装式货架的立柱、横梁等承载构件间采用可拆可装的方式连接，货架调整组装方便，使用灵活。

（3）按货架与仓库建筑结构的连接形式分类，可分为库架分离式货架和库架合一式货架。其中，库架分离式货架是指组成货架的钢结构件与建筑物分离的固定型货架，而库架合一式货架是指组成货架的钢结构件兼作建筑物承重结构构件的货架。

（4）按货架使用环境分类，可分为常温库用货架和冷库用货架。其中，常温库用货架是指使用温度为–5℃至40℃的货架，冷库用货架是指以型钢制成的构件通过插接组合或用螺栓连接组装而成的使用温度为–40℃至–5℃的货架。

（5）按货架的适用性分类，可分为通用货架和专用货架。

（6）按货架的制造材料分类，可分为钢货架、钢筋混凝土货架、钢与钢筋混凝土混合式货架、木质货架和钢木合制货架。

（7）按货架的封闭程度分类，可分为敞开式货架、半封闭式货架和封闭式货架。

（8）按货架的高度分类，可分为低层货架、中层货架和高层货架，各类型货架的高度值根据其用途、使用场景有所不同。

（9）按货架的承重能力分类，可分为轻型货架、中型货架、重型货架。一般单元承重能力低于500kg的为轻型货架，500~1000kg的为中型货架，1000~2000kg的为重型货架，2000kg以上为超重型货架。

二、仓储货架结构形式及特点

不同的仓储货架，其结构组成、功能用途和特点各不相同。

（一）托盘式货架

1. 托盘式货架的结构

托盘式货架也称横梁式货架，由立柱片、横梁等构件组成，专门用于存放以托盘为货物的装载单元，适合机械化作业，如图4-3所示。

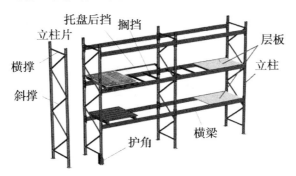

图4-3　托盘式货架示意

托盘式货架包括立柱、横梁、横撑、斜撑等主要构件，由两个立柱和若干横撑、斜撑组成的构件称为立柱片。由相邻两个立柱片和上下横梁围成的存储货物的单位空间称为货格，每个货格所能容纳的托盘单元个数称为货位数，一个货格可以设置1个货位，也可以设置多个货位，货位数的多少取决于单元载荷和货架承载能力要求。在单元货格货位排放中，每个货位深度方向可以存放的货位数称为进深货位数。

托盘货架位置尺寸如图4-4所示，立体货架挂接于同一柱片上通常有多层横梁或层板，相邻横梁或层板上表面之间的距离为层高，也称为层间距，相邻两层梁（或层板）之间的净空高度为有效层高。从地面到货架最高点的高度称为货架高度，从地面到装载单元顶部的最高高度称为装载总高。从地面到货架最上层承载面的高度称为顶层高度。在柱片深度方向上的货架尺寸称为进深，也称为深度。在巷道方向单元货架相邻立柱的中心线之间的距离称为货格宽度，在巷道方向单元货架相邻立柱内侧面之间的净距离称为有效货格宽度。在跨度方向上立柱和装载单元之间以及相邻装载单元之间的距离称为单元存放间隙，装载单元与上一层梁的下底面之间的净距离称为装载间隙。

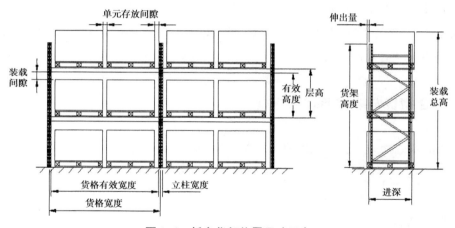

图4-4　托盘货架位置尺寸示意

2. 托盘式货架的应用

根据货架的结构形式，以及配套的作业装备不同，托盘式货架可以细化设计为巷道式货架、窄巷道式货架、自动化立体库货架、穿梭板式密集存储货架等。

巷道式货架通常由前移式叉车、插腿式叉车或平衡重式叉车进行托盘集装货物上下货架作业，也可由高货位拣选车拣选货物，巷道宽度一般在2.8~4.0m，货架高度一般在5.0~12.0m。

窄巷道式货架的特点就是巷道宽度窄，通常在1.6~1.8m，由三向叉车存取集装单元货物，也可由高货位三向堆垛拣选车拣选货物，窄巷道式货架的使用可以大大提高库容利用率。货架高度一般在5.0~12.0m，对巷道地面平整度要求较高。

自动化立体库货架采用巷道堆垛机进行托盘集装货物上下货架和巷道内搬运作业，并由入出库输送机系统和叉车进行存取作业。货架高度一般大于16m，最佳货架高度为20m左右，适应所有能用托盘（货箱）集装的货物存储。

穿梭板式密集存储货架为轨道贯通式结构，由立柱片、横梁、导轨及标准配件构成，属于密集存储方式的一种。由叉车配合遥控穿梭板存取集装单元货物，如图4-5所示。货架高度一般在5.0~12.0m，货格深度在5~15个托盘。

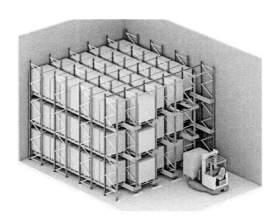

图4-5 穿梭板式密集存储货架示意

（二）搁板货架

搁板货架是具有层板的货架，层板用于摆放货物，也称为层架。由立柱、横梁和搁板构成，层间用于存放货物。如图4-6所示。

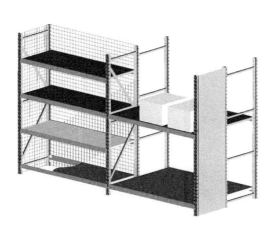

图4-6 搁板货架示意

搁板货架按存放货物的重量级通常分为轻型、中型和重型。轻型搁板货架由立柱、层板构成，单元货架每层承载一般不大于150kg，总承载不大于2000kg，主要适用于人工存取作业，其规格尺寸及承载能力都与人工搬运能力相适应，高度在2.4m以下，货格深度在0.5m以下。中型和重型搁板货架通常由立柱片、横梁、层板等构件组成，中型搁板货架单元货架每层承载一般为150~500kg，总承载不大于5000kg；重型搁板货架单元货架每层承载一般为500~1500kg，总承载不大于5000kg，高度可达4.5m、货格深度达1.2m、宽3m。

搁板货架结构简单，适用范围非常广泛，主要适用于存储体积、重量相对较小，品种规格较多的小件零散物资，以拣选方式进行出库作业，采用人工或库内多功能升降车、拣选车进行物资拣选及补货作业。还可以根据需要制作成层格架、抽屉式或橱柜式等形式，以便于存放规格复杂多样的小件货物或较贵重、怕尘土、怕潮湿的小件物品。

（三）悬臂式货架

悬臂式货架是由立柱（或立柱片）、悬臂、横梁、底座等构件组成，并由悬臂构件直接承载存放货物的货架，如图4-7所示。主要用于储存长形物资，如管材、棒材等，在储存长形货物的仓库中被广泛运用。悬臂的尺寸根据所存放货物的外形确定。

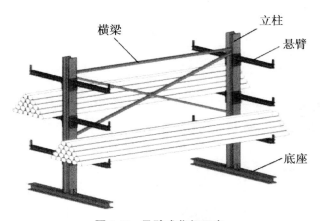

图4-7　悬臂式货架示意

悬臂式货架可分为单面悬臂和双面悬臂两种形式，每层都可以100mm、140mm的间距进行调整，主要使用侧面叉车进行物资上下架和收发作业，作业通道宽度应不小于4.0m，货架高度一般不超过5.0m。通常可采用侧面叉车配合悬臂货架进行货物上下架作业。

（四）移动式货架

移动式货架是指可在轨道上移动的货架，货架底部装有滚轮，开启控制装置，滑轮可以沿轨道滑动，如图4-8所示。移动式货架平时可以密集相连排列，存取货物时通过手动或电动控制装置驱动货架沿轨道滑动，形成一条通道即可完成货物的上下架作业，从而大幅度减少通道面积，仓库面积利用率可达80%，但由于成本较高，主要在档案管理等重要或贵重物品的保管中使用。也可采用托盘集装储存时间较长、收发较少的各类物资。

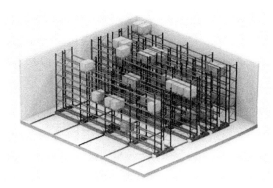

图4-8　移动式货架示意

托盘式电动移动式货架为重型移动式结构，由立柱片、横梁、底座轨道、滚轮、驱动系统及标准配件构成，每排货架有一个电机驱动，由装置于货架下的滚轮沿铺设于地面上的轨道移动。由叉车存取托盘集装单元货物，如图4-9所示。根据货架数量和作业频率设置1~2个拆码垛作业通道，每条通道宽度为4m。叉车行走通道宽度为2.8m。货架高度在5.0~8.0m，货架区长度在50~80m。可选用前移式叉车、插腿式叉车或平衡重式叉车进行托盘集装货物上下货架作业，推荐选用前移式叉车。

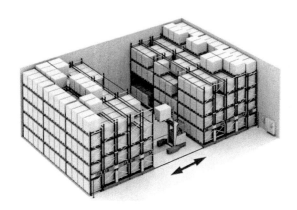

图4-9　托盘式电动移动式货架示意

（五）阁楼式货架

阁楼式货架是在利用搁板式货架作为主体支撑的基础上，增加楼层板、护栏、楼梯等构件组成的多层储存货物的货架，如图4-10所示。适用于库房较高、货物较小、存储量较大的环境，根据场地条件可设计二层或三层，楼层间距在2.2~2.7m，顶层货架高度推荐值为2m。单排货架宽度在0.5~1.0m。

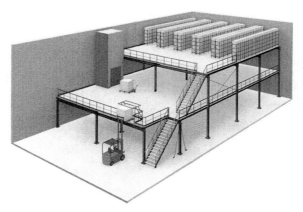

图4-10 阁楼式货架示意

主要适用于储存物资体积、重量相对较小，品种规格较多，以拣选方式进行发货作业的场合。作业方式为人工拣选作业，由托盘搬运车或平板手推车进行补货作业，二层以上由液压升降台或货梯实现物资垂直输送。

（六）重力式货架

重力式货架是一种依靠货物自身重力在货架滑道上滑行的货架系统，主要用于储存整批纸箱包装商品和托盘货物，如图4-11所示。

图4-11 重力式货架示意

储存纸箱包装货物的重力式货架比较简单，基本结构与普通层架类似，不同之处在于搁板变为重力滚轮或滚筒输送装置，并与水平面成一定角度，高端作为入库端，低端作为出库端，货物上架和取出多采用人力或叉车作业。储存托盘货物的重力式货架一般为2~4层，每个货架内设置重力滚道两条，滚道由左右两组滚轮、导轨和缓冲装置组成。货物进库存放时，用叉车从货架后面将托盘送入货格，托盘依靠本身重力沿滚道向前滑行，也有的重力架采用电磁阀控制托盘定位。取货时，叉车从货架前面将货物取出。

由于托盘货物或箱装货物可以利用自身重力自动向低端滑行，当前方货物被提取后，后面的货物会自动跟进，所以重力式货架具有以下的优点：保证货物先进先出；实现货物密集配置，有效节约仓库空间；货物进出库作业时，叉车或堆垛机的行程最短；货架的货位空缺得到有效控制；货架密集排列，有利于仓库的现场管理，有效防止货物丢失；减少装卸搬运设备的投入。

但是，重力式货架的投资成本高，其建设成本约是普通托盘货架成本的5~7倍。而且货架对托盘及货架的加工技术要求高，否则容易造成滑道阻塞，货架的日常维护保养要求也高。

（七）驶入式货架

驶入式货架是可供叉车（或带货叉的无人搬运车）驶入并存取单元托盘物品的货架。该货架的特点是托盘单元货物的储存货位与叉车的作业通道是合一的、共同的，这样就大大提高了仓库的面积利用率。如图4-12所示。

驶入货架采用钢结构，立柱上有水平突出的构件，叉车将托盘货物送入，由货架两边的构件托住托盘。驶入式货架只有一端可供叉车进出，存取货物一般是先入后出。如果货架两端都可供叉车进出，则称为驶入驶出式货架，这种货架是贯通的，可供叉车从中通过，便于叉车作业。这种类型的货架通常都是密集布置，高度最大可达10m，库容利用率可达90%，特别适用于在大批量少品种的物资储存使用。

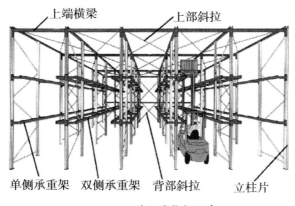

图4-12 驶入式货架示意

（八）旋转式货架

旋转式货架是指装载单元能在垂直或水平方向循环移动的货架，通常是由货物装载单元（货格）、动力驱动装置、传动装置和管理控制系统组成，可由开关或用计算机操纵控制，存取货物时，输入货物名称或所在货格编号，该货物所在货格则以最近的距离自动旋转至拣货点停止，完成存取货操作。根据旋转式货架结构不同，有垂直旋转式和水平旋转式等形式。垂直旋转式货架如图4-13所示。

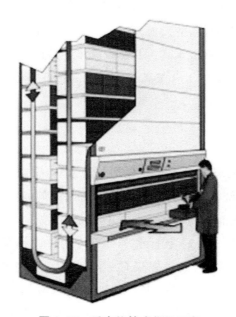

图4-13　垂直旋转式货架示意

旋转式货架由货架转动将货物自动送达出库口，操作人员位置固定，拣货线路简捷，拣货速度快。货架之间不设置通道，使储存密度增大，节约仓库空间；采用计算机管理与控制，自动化程度高，可实行精准管理，适合于小批量、多品种小件货物的存取。

（九）线棒式货架

线棒式货架又称复合管货架，是采用柔性线棒与种类丰富的线棒连接件组合而成的货架，主要应用于家电、汽车、轻工电子等行业工厂的工位器具存放。线棒式货架的配件可重复循环使用，当一个产品或一道工序的生命周期结束后，可通过改变线棒货架的结构，用原有的配件重新组装成新的货架去适应新的要求。线棒式货架如图4-14所示。

图4-14 线棒式货架示意

三、仓储货架的选用

在仓库设备中，货架是专门用于存放成件物品的保管设备，在仓库中占有非常重要的地位。在现代仓库管理中，为了提高仓库库容利用率，提高仓储作业的机械化和自动化水平，需要合理地选用和大规模使用货架。在选择和配置货架时，必须综合分析库存货物的性质、单元装载和库存量，以及库房结构、配套的装卸搬运设备等因素。选择货架应考虑的因素如图4-15所示。

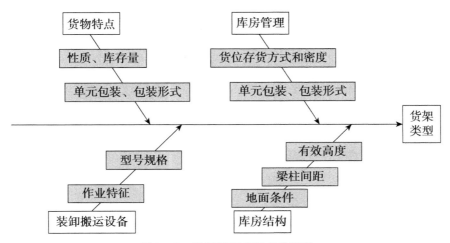

图4-15 选择货架应考虑的因素

1.货物特性

货物的物理化学属性、尺寸大小、重量、包装形式等将会影响储存单元的选用，由于储存单元的不同，对应使用的货架也应不同。如托盘货架适用于托盘储放，而箱架则适合箱装货物存放；要依据货物尺寸、重量，选择适合的货架形式、规格及承载能力；若外形形状特别，如轮胎、油管等货物，则需选用一些特殊的储存设备；物资本身的物理化学性质特殊，如易腐性或易燃性等物资，在储存设备上就必须做防护性方面的考虑，选择货架时要同步考虑。

2.存取方便性

一般存取方便性与储存密度是相对的。为了得到较高的储存密度，则必须相对牺牲货物的存取方便性。相对来讲，自动化立体仓库的存取方便性与储存密度都比较高，但其投资成本较大。某些货架的存储密度较大，但出入库量却不高，适合于低频度的作业。因此，必须根据仓库出入库效率以及物资的储备量需求，合理选择货架的形式及相关参数。

3.装卸搬运设备

货架的存取作业通常是依托装卸搬运设备来完成的。选用货架时必须考虑到装卸搬运设备的使用要求，如货架通道宽度直接影响叉车形式，货架高度是决定装卸搬运设备举升高度的主要因素。

4.库房结构

货架的选用要综合考虑库房结构及地面承载的影响。库房内梁下有效高度、梁柱位置会影响货架的配置。地板承受的强度、平整度也与货架的设计、安装有关。此外，还要考虑防火设施和照明设备的影响。

第三节　典型仓储物流装备数智化应用

仓储物流装备数智化应用是指通过信息化、智能化技术的应用，实现仓储物流系统出入库管理和作业的智能化和无人化，提高仓储作业效率和仓储管理水平。本节重点介绍托盘自动化立体库系统、料箱多层穿梭车立体库系统和穿梭板式密集存储立体库系统三个数智化应用典型案例。

一、托盘自动化立体库系统

自动化立体库系统（Automatic Storage & Retrieval System，AS／RS）是由高层货架、巷

道堆垛机、出入库输送机系统、计算机管理和控制系统等组成，用高层货架和托盘（货箱）存储货物，由巷道堆垛机和出入库输送机系统自动进行存取作业，具有自动识别、控制、监控和计算机集中管理等功能的仓储系统，它综合应用了信息感知与传输、数据处理、自动控制以及物联网等先进信息技术，具备一定的感知能力、自动推理判断能力和自动操作能力。托盘自动化立体库系统就是以托盘为存储单元的自动化立体库系统。

（一）系统构成

托盘自动化立体库系统主要由货物储存系统、货物存取与传送系统、计算机管理与控制系统这三大系统组成。

1.货物储存系统

本系统承担货物的存放功能，一般由高层立体货架和托盘组成。

（1）托盘及其标识。

托盘一般采用标准平托盘。在自动化立体库的作业过程中，托盘（货箱）作为一种流转实体出现，为实现对托盘（货箱）的信息化管理，一般要在托盘上加装一维物流条码，表示托盘的编号，作为托盘的唯一标识，使用时将托盘条码与所承载的货物条码绑定，就实现了自动化立体库货物信息的自动标识。也有加装射频标签的应用，将托盘编号和货物信息写入射频标签，可以实现托盘货物的离线和动态管理。

（2）货架及储位编码。

货架是存放托盘单元的机械结构，如图4-16所示。自动化立体库的出入库就是将托盘货物存入储位或从储位取出，能不能找到正确的储位是自动化立体库完成货物出入库的关键。这里有两个问题，一是储位的标识，也就是储位编码；二是寻找正确的储位，也就是寻址。

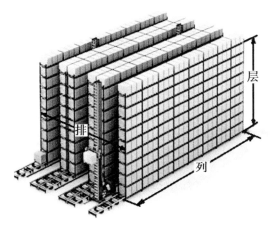

图4-16　自动化立体库货架示意

通常，货架内存储货物的最小单元空间称为货格，货格内存放一个单元货物的空间称为货位。在仓库平面内，与堆垛机运行方向相垂直的方向称为宽度方向，与堆垛机运行方向相平行的方向称为长度方向。排是指宽度方向上货位数的单位，列是指长度方向上货位数的单位，层是指货架在高度方向上货位数的单位。自动化立体库货架按照排、列、层的三维坐标确定储位并设计编码，供计算机管理使用。

2.货物存取与传送系统

本系统承担货物存取、出入仓库的功能，主要由巷道堆垛机、穿梭车、出入库输送机等组成。

（1）巷道堆垛机。

巷道堆垛机是立体仓库成套设备中的主机，与高层货架、出入库台或出入库系统等设备配套使用，是一种在导轨上运动的起重机械，它能在三维空间上（行走、升降、两侧向伸缩）按照一定的顺序组合进行反复运动，以完成对集装单元或拣选货物的出入库搬运作业，巷道式堆垛机由运行机构、起升机构、装有存取货机构的载货台、金属结构（机架）、电气设备及安全保护装置6部分组成，如图4-17所示。

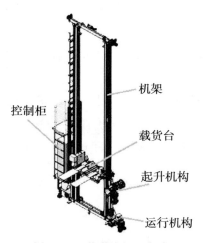

图4-17　巷道堆垛机示意

堆垛机接受计算机指令后，能在高层货架巷道中来回穿梭，把货物从巷道口出入库站台搬运到指定的货位中，或者把需要的货物从仓库中搬运到巷道口出入库站台，再配以相应的转运、输送设备通过计算机控制实现货物的自动出入库。

按结构形式不同，巷道堆垛机可分为单立柱和双立柱两种，其中单立柱巷道堆垛机的金属结构由一根立柱和上、下横梁组成（或仅有下横梁），其自重较轻，但刚性较差，一般用于起重量2t以下、起升高度不大于16m的仓库。双立柱巷道堆垛机的金属结构由两根立柱和上、下横梁组成一个刚性框架，其刚性好，自重较单立柱大，适合高速运行和快速起、制动。可用于各种起升高度的仓库，起重量可达5t或更大。

（2）穿梭车。

穿梭车即轨道式自动导引车（Rail Guide Vehicle，RGV）是实现托盘单元多通道分配的设备，它根据预定的出入库流程，在电控系统的控制下实现托盘单元多通道分配，也称为穿梭分配车，与其对接的设备主要为链式输送机等，如图4-18所示。

图4-18 穿梭车示意

穿梭车主要由车体系统、输送装置、认址装置、导轨系统、报警装置、电气装置等组成。根据运行轨道形式的不同，穿梭车可分为往复式直行穿梭车和环行穿梭车，环行穿梭车能在同一轨道上运行多辆车体，可大大提高搬运能力，但占地面积大。在仓储自动化作业系统中，往复式直行穿梭车应用较多。目前，穿梭车输送速度为12~24m/min，车走行速度为120~250m/min，定位精度为±3mm，最大载重量为1200kg。

往复直行穿梭车是一种用于自动化物流系统中的智能型轨道导引搬运设备。在电控系统控制下，通过编码器、激光测距等认址方式精确定位于各个输入、输出工位，接受物料后进行往复穿梭运输，主要应用于自动化物流系统中单元物料高速、高效的平面自动输送，具有高度的自动化和灵活性。

（3）出入库输送机。

主要用于与堆垛机、穿梭车的对接，实现托盘单元的库前输送和出入库。有链条式输送机、滚筒式输送机等形式。

3.计算机管理与控制系统

计算机管理与控制系统是自动化立体库系统的"大脑"，管理系统具有入库管理、出库管理、盘库管理、数据统计与查询等功能。控制系统与管理计算机、堆垛机和现场设备通信联系，控制和监视整个自动化立体库的运行，监视现场设备运行情况和现场设备状态、监视货物流向，还具有对设备进行故障检测及查询显示等功能。

（二）工作原理

自动化立体库的作业是按照系统确定的货位，将托盘单元货物由输送系统、巷道堆垛机自动存入货位或从货位取出的过程。在库前作业区一般还是依靠人工组盘、利用叉车完成托盘货物的转运。

1.整托盘出入库

货物经验收合格后，进入立体库理货区，操作人员使用无线手持终端，扫描物品外包装上的条码，采集受理物品的全部数据，包括物品编码、数量、批号等信息记录，将数据发回数据库。

操作人员按照物品既定原则对入库货物进行组盘堆码，完成后，通过无线手持终端扫描所有货物包装箱的条码，最后扫描托盘的条码，将托盘编号及对应的物品编码、数量、批号等信息记录到数据库，实现入库货物信息与托盘的绑定，系统根据不同种类物品信息自动形成入库方案。操作人员将托盘物品放到指定入库口，立体库输送系统自动把托盘单元输送至待入库的巷道口，经巷道堆垛机将托盘单元存入相应的货位，实现货物入库；出库与此正好相反。

2.拆零拣选出入库

在拆零拣选区进行入库作业时，作业人员用无线手持终端扫描物品条码，管理系统将把该料箱所入的货架通道信息发送到无线手持终端，作业人员根据信息提示把料箱放到指定通道，确认作业完成，作业完成信息传到数据库，管理系统自动完成账目处理。在拆零拣选区进行出库作业时，作业人员扫描货位条码，管理系统将拆零拣选信息发送到无线手持终端，作业人员根据信息提示，到拆零拣选区指定货位进行拆零拣选作业，确认作业完成。作业完成后管理系统自动完成账目处理。

（三）自动化立体库作业管理

自动化立体库作业管理包括货物验收、入库管理、出库管理等功能模块。管理人员通过这些功能，根据库存策略、库存状态、货物受理、货物发货等信息制订各种货物作业计划。计划制订后，通过控制系统的功能，驱动相应设备完成相应作业。

1.货物验收

操作人员通过该功能完成货物的验收，系统提供无线手持终端，可以通过扫描货物外包装上的条码，快速、准确地采集受理货物的全部数据，包括货物编码、数量、批号等信息记录，通过对比入库计划，决定该货物是否为可以收的货物，同时将验收信息返回数据库系统。

2.入库管理

管理人员通过该功能完成货物入库的功能。本系统入库包括三种入库作业的方式：巷道货架区入库、拆零拣选区入库、特殊存储区入库。

入库组盘方式分为单项组盘和多项组盘。货物组盘前确认包装箱条码标签完好，并根据给定原则进行组盘，组盘完成后，通过无线手持终端扫描所有包装箱的条码，最后扫描托盘的条码，将托盘编号及对应的货物编码、数量、批号等信息记录到数据库。系统根据不同种类货物信息自动形成入库方案，提示货物存放到不同区域。

（1）巷道货架区入库。

入库命令启动后，托盘要经过在输送机的入口处设置的重量检测、外形检测、条码检测装置，超过重量、外形尺寸不合格、托盘条码无法读取的不合格托盘将退到不合格整理口进行整理，整理完毕后，再次通过尺寸、重量检测及条码阅读。

系统按照先下后上、下重上轻、高峰时就近入库、均匀分布或按品种分区存放等原则，给托盘分配一个货位，下发给执行机构，自动完成入库作业，作业完成后根据相应的数据进行账目修改。

（2）拆零拣选区入库。

系统将拆零频率较高的货物存放到拆零拣选区。在货物入库时，如果拆零拣选区需要进行补货时，优先发出指令将该货物放到拆零拣选区，确认完成后，管理系统自动更新库存信息。平时如果拆零拣选区某种货物低于最低限量时，管理系统将产生巷道货架区的出库作业，将巷道货架区拣选出的指定货物输送到拆零拣选区，完成拆零拣选区补货入库作业，管理系统自动更新库存信息。

（3）特殊存储区入库。

特殊存储区存放特殊的货物。货物经无线手持终端条码扫描后，系统自动分配存储单元。由叉车配合人工将货物存入指定货位，入库完成信息传送到数据库，管理系统自动更新库存信息。

3. 出库管理

管理人员通过该功能完成货物出库的功能。本系统出库主要包括大批量、小批量、拆零与特殊货物出库，需要不同的物流区域和程序模块来完成货物的出库作业。

管理人员通过该功能对货物的出库数据进行登录，在满足出库条件（指定品种和指定批号）的前提下，按照近效期先出、先进先出、高峰时就近出库等原则，系统自动查出满足出库条件且数量相符的货盘，发送出库命令，下发给执行机构，修改相应账目数据。

（1）整托盘出库。

出库工作站发出整托盘出库指令后，监控机将出库信息下传到现场物流设备的PLC中，堆垛机将托盘从货架上取出，由输送机系统将托盘输送到整托盘出库口。叉车从出库口直接叉走托盘，作业完成后管理系统自动更新库存信息。

（2）整件拣选出库。

出库工作站发出出库拣选指令后，堆垛机与输送机系统协调作业，将指定托盘输送到指定拣选口，现场无线手持终端提示拣选信息，作业人员根据提示信息进行拣选作业，货物经条码扫描后，放到自动分拣线，输送到指定出库口。拣选完毕后，托盘被自动送回货位。作业完成后管理系统自动更新库存信息。

（3）拆零拣选出库。

拆零拣选作业主要在拆零拣选区进行，物流管理系统将拆零拣选信息发送到现场的无线手持终端，作业人员根据信息提示，到拆零拣选区指定货位进行拆零拣选作业，货物经条码扫描后，送到指定出库口。作业完成后管理系统自动更新库存信息。

出入库作业的主要类型如表4-1所示。

表4-1 出入库作业的主要类型

序号	类型	说明
1	单盘入库	单一托盘货物的入库
2	拼装入库	按照指定的原则取出库内的有货托盘，将要拼装的货物装上后再入库
3	空托盘入库	把空托盘入到库内
4	整盘出库	根据给定的作业数据，进行批量的出库作业，出库的均为整托盘货物
5	拣选出库	出库时只取走托盘上的部分货物，其余的再入到库内
6	指定货位出库	指定具体的库位地址进行出库作业
7	空托盘出库	从库内取出空托盘
8	直入直出作业	将托盘直接由入库端搬运到出库端，不将其放到货位上
9	紧急出库	将出库作业的优先级设为最高级别的出库作业
10	搬库作业	按照一定的原则将托盘在同一巷道内进行不同货位之间的搬运

4.库存管理

库存管理子系统包括库存数据查询统计、数据报表、库存盘点等功能模块。管理人员通过这些功能，随时掌握库存的情况，并且对库存的数据进行核对，保证仓库的数据准确。

（1）库存数据查询统计。

本系统提供丰富的查询统计功能，满足各种库区管理对查询统计的要求。查询统计包括各种货物的入出库情况、货位状态、库存量变化分析等。查询统计结果可以用表格形式输出，也可以产生相应的报表。

（2）数据报表。

除了查询统计结果可以输出报表，本系统还提供常用的数据报表功能，满足用户的数据报表打印需要。

（3）库存盘点。

库存盘点包括盘点设置、盘点改账等功能，可以随时启动盘点，通过对每盘货物的实际清点来核实库存货物数据，并及时修正库存账目，达到账、物统一以保证系统库存数据的准确性。

盘点方式包括货物盘点和货架盘点，货物盘点指将选定的货物取到库外进行人工清点；货架盘点指堆垛机按指定的货位范围逐一将托盘取到载货台上，核对托盘号码。按照所需要盘点的范围进行盘点设置，选定后将作业下发到堆垛机。盘点作业完成后，如果出现账目与盘点数据不相符的情况需要进行账目的处理。盘点的结果将输出为盘赢、盘亏的报表。查询统计功能如表4-2所示，报表功能如表4-3所示。

表4-2　　　　　　　　　　　　查询统计功能

序号	功能	说明
1	库存查询	可以按照各种货物属性查询库存信息
2	货位查询	货位信息查询
3	流水账查询	出入库作业的记录查询
4	出入库单据查询	出入库单据的内容及执行状态的查询
5	货位使用状态查询	库内货位使用状态的查询
6	改账记录查询	对库存数据进行修改操作的查询
7	报警查询	库存数据超过某设定的固定值时，系统产生的报警数据的查询
8	设备故障查询	自动运行设备的故障记录的查询
9	作业查询	出入库作业运行状态的查询
10	结转数据查询	库存结转数据的查询，可以查询日结转、月结转数据

表4-3　　　　　　　　　　　　报表功能

序号	功能	说明
1	库存明细表	仓库库存数据的详细数据报表
2	货位明细表	仓库货位数据的详细数据报表
3	入库统计表	入库各货物数据统计报表
4	出库统计表	出库各货物数据统计报表
5	盘点盈亏表	盘点结果盈亏数据报表
6	日报表	每日各种货物出入库及库存数据的结转报表
7	月报表	每月各种货物出入库及库存数据的结转报表

二、料箱多层穿梭车立体库系统

料箱多层穿梭车立体库系统是采用基于区块链理念的模组技术和基于储分一体理念的密集仓储技术，是以多层穿梭车和提升机为核心设备，辅以穿梭车换层提升机、交接站台、人工作业台等组成的面向多尺寸料箱、纸箱、小包装的高效存储与货到人拣选解决方案。在一个模组内实现物资的高密集存储，同时可根据订单特征实现周转箱、纸箱、原箱的出库，箱内单个物资的拣选出库，如图4-19所示。下面以兰剑智能开发的一种料箱多层穿梭车立体库系统为例介绍其典型构成、技术参数及工作原理。

图4-19 料箱多层穿梭车立体库系统效果

（一）系统构成

料箱多层穿梭车立体库系统由料箱货架、穿梭车、提升机、料箱输送线、拣选台、交接站台等硬件设备，以及仓储管理控制系统等软件构成，如图4-20所示。

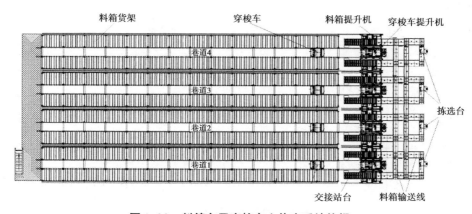

图4-20 料箱多层穿梭车立体库系统俯视

1.穿梭车

穿梭车是用于料箱存取和巷道中搬运的设备，主要由行走机构、伸叉机构、供电机构、通信机构等构成，如图4-21和图4-22所示。

图4-21　穿梭车单机示意

图4-22　穿梭车在巷道中示意

在料箱货架内部，配置穿梭车导轨，穿梭车可以在货架内某一层行走至指定货位处，伸叉机构左右伸叉取货。若存取物资为固定尺寸，伸叉机构可选用固定版本，若存取物资为多种尺寸，伸叉机构可选用可调版本。供电机构可采用滑触线供电、超级电容或锂电池供电，若穿梭车需要在不同层作业，一般选用超级电容或者锂电池供电。通信机构为无线通信或者载波通信，若需要保密安全，增加安全模块。

其主要性能指标包括额定载重为30kg，行走速度为4m/s，最大行走加速度为2m/s^2，行走定位精度为±2mm，伸叉精度为±1mm，货叉取货宽度为200~1000mm。

穿梭车结构有单工位、双工位，单伸、双伸、三伸等类型。穿梭车通过穿梭车换层提升机可实现换层作业，设备间互为备份，具有可扩展性、兼容性、稳定性、高效性和模块化设计优势，基于人工智能算法的控制系统使得穿梭车在调度优化、自动识别、智能出入库等方面具有优异性能。同时也可以根据作业量柔性增减穿梭车的数量来调节自动化仓库系统能力，提高系统灵活性。

2.提升机

提升机分为料箱提升机和穿梭车换层提升机两种。

（1）料箱提升机。

料箱提升机用于料箱的垂直提升，主要由框架、载货台、提升机构、控制系统等组成，如图4-23所示。提升机构通过伺服电机，驱动同步带与编码器定位，配合闭环控制的高速传动，实现载货台竖直方向的高速高精度提升与下降；载货台通过电辊筒驱动实现料箱/纸箱接驳，可采用单工位、前后进出双工位、并排进出双工位、抱夹输送等不同结构来满足不同行业的作业需求。主要性能指标包括垂直升降速度为 3 m/s，垂直升降加速度为3m/s^2，定位方式为伺服同步带 + 编码器定位，定位精度为 ±2mm，操作方式为手动运行、自动运行和在线联机运行三种。

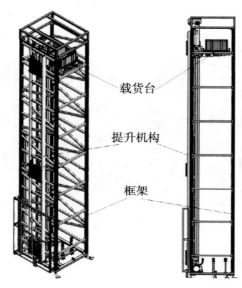

载货台

提升机构

框架

图4-23 料箱提升机示意

（2）穿梭车换层提升机。

穿梭车换层提升机主要用于将穿梭车从一层到另外一层的自动换层作业，主要由框架、升降平台、提升机构、控制系统等组成。提升机构通过伺服电机，驱动同步带定位，实现升降平台竖直方向的高速高精度提升。升降平台用于搭载穿梭车，实现穿梭车的换层接驳，其关键就是保证升降平台上的轨道与货架轨道的准确对正，通常通过轨道对接、行走到目的层、轨道分离三个动作完成穿梭车换层操作，需要注意的是如果穿梭车采用滑触线供电，换层时还必须考虑集电臂的平稳过渡。

穿梭车换层提升机的主要性能指标包括载荷能力不低于120kg（穿梭车重量 + 料箱重量），最大垂直升降速度为3m/s，垂直升降加速度为1m/s^2，定位方式为伺服同步带定位，定位精度为 ±2mm，操作方式为手动运行、自动运行和在线联机运行三种。

此外，料箱货架用于存放周转料箱，是自动化立体库货架的一种，适用于穿梭车自动存取作业。料箱输送线完成料箱从交接站台到拣选台的输送。仓储管理控制系统是料箱多层穿梭车立体库的大脑，可通过嵌入式算法，实现货位的均衡调度、出入库货物的排队次序等策略，完成料箱出入库智能管理和所有设备的调度控制。

（二）工作原理

料箱多层穿梭车立体库系统的工作原理是：提升机、穿梭车、输送系统等通过通信模块与仓储控制系统相连接，根据仓储控制系统任务指令，到达指定位置，实现对料箱的运、取、放、存等动作。主要工作过程包括料箱通过料箱输送系统实现和提升机对接。提升机实现料箱在垂直方向的提升，通过提升机内部输送与交接站台实现料箱交接。穿梭车行走在货架导轨，通过外置编码器与认址孔的配合，实现高精度巷道内行走，通过货叉机构实现料箱取放。料箱多层穿梭车立体库系统的工作原理如图4-24所示。

图4-24　料箱多层穿梭车立体库系统的工作原理示意

（三）特点及应用

1.料箱多层穿梭车立体库系统的特点

（1）基于"货到人"的运作模式，优化整合质检、入库、存储、分拣、集货、分拨、复核、包装、发货等作业环节，实现货物在配送中心一次性落地，减少作业人员，降低差错率，节省仓储面积，提高物流运作效率及整个物流中心的运作水平。

（2）支持原箱和料箱混合储存。可实现多种尺寸的纸箱和料箱在同一货格内混合密集储存，大大提高库内空间利用率。

（3）支持三伸位密集储存。能在同一货格内实现"三箱一列"的储存形式，缩减系统占地面积，进一步提高空间利用率。

（4）支持双工位高效作业。可定制双工位料箱穿梭车，节省了穿梭车巷道内行走时间，从而提高出入库效率。

（5）智能自主纠偏。采用自主研发的货物位移检测技术，支持全方位的位移检测，并自动纠正货物意外位移，实现货物在系统中接近零位移、零故障，保障货物安全。

（6）货物变形识别功能。可以自动识别纸箱的外形，并根据纸箱新的尺寸调整货叉的间距，从而成功取货。

2.应用场景

料箱多层穿梭车立体库系统广泛应用于高储量、高流量、多品规需求的复杂箱式高密集存储场景，能实现整箱、原箱入库，整箱、原箱出库，多订单多品规货到人拆零拣选，以及订单组套等功能。可与智能装卸车机器人、伸缩输送机配合实现料箱级别智能无人仓，也可与拆码垛机器人、托盘输送系统、智能无人搬运AGV、托盘立库配合实现托盘料箱无缝衔接转换。

料箱多层穿梭车立体库系统可适用于普通地面库房、多层库房（楼库）、立体库房等多种库房形式，库房场地一般需满足宽度≥4.2m、高度≥5m。

三、穿梭板式密集存储立体库系统

穿梭板式密集存储立体库是智能仓储系统的一种常见形式，其构成、原理及应用特点有别于一般的自动化立体库。

穿梭板是指在货格内沿导轨前行或后退两个方向运动并进行托盘集装单元搬运作业的设备，也可称为穿梭车（RGV），是物流系统中一种执行往复输送任务的小车，其基本功能是在物流系统中（平面内）通过轨道上的往复运动完成货物单元（主要是托盘和料箱）的输送，如图4-25所示。

图4-25　穿梭板示意

穿梭板式密集存储立体库是基于高密度货架、穿梭板及升降机、输送机等设备，配合仓库管理系统完成货物出入库作业，具有较高空间利用率和存取效率的仓储系统，如图4-26所示。

图4-26　穿梭板式密集存储立体库示意

穿梭板式密集存储立体库是自动化程度较高的密集仓储形式，作为一种独特的自动化物流系统，主要解决了货物密集存储与快速存取之间的难题，空间利用率可达80%~85%，成为应用广泛的新型物流仓储系统。特别是随着穿梭板电池、通信和网络等关键技术的逐步解决，穿梭板式密集存储系统将得到进一步广泛应用。

根据所处理货物单元的不同，可分为托盘式穿梭板系统和料箱式穿梭板系统两大类，其中，前者是密集存储的有效解决方案，后者则为拆零拣选的有效解决方案，主要用于"货到人"拣选系统。

按照存取方式不同，托盘式穿梭车系统和料箱式穿梭车系统均可分为三种类型：穿梭板式、子母穿梭车式和四向穿梭车式密集仓储系统。

根据穿梭板转移方式的不同，穿梭板式密集存储立体库可分为叉车穿梭板式立体库和堆垛机穿梭板式立体库。叉车穿梭板式立体库是由各种叉车实现穿梭板转移并进行托盘集装单元出入库作业的穿梭板式密集存储立体库。堆垛机穿梭板式立体库是通过仓库自动化作业管理系统控制，由堆垛机实现穿梭板自动转移并进行托盘集装单元出入库自动化作业的穿梭板式密集存储立体库。

穿梭板式密集存储立体库的特点如下。

（1）密集存储。采用高密度货架存储货物，取消了叉车或堆垛机作业通道，大大提高了空间利用率。

（2）快速存取。可实现多维度、多层、多小车同步运作，大大缩短了作业时间；同时，穿梭板具有高度的灵活性，可实现货到人拣货，提高了工作效率。

（3）系统柔性。可根据订单任务量大小，灵活增减小车数量，适应性强，特别适用于订单波动性较大的仓储环境；同时，当穿梭车发生故障时，可快速更换故障小车，保证仓库运行不受影响。

随着系统复杂程度不断攀升，如何实现穿梭板产品性能更加稳定、设备之间的高效配合等，已经成为穿梭板式密集存储系统推广应用的一项挑战。

 **知识拓展**

数字孪生技术在仓储中的应用

一、数字孪生技术概念

数字孪生就是充分利用物理模型、传感器更新、运行历史数据，集成多学科、多物理量、多尺度、多概率的仿真过程，在虚拟空间中完成映射，从而反映相对应的实体对象的全生命周期过程。数字孪生是一种超越现实的概念，可以视为一个或多个重要的、彼此依赖的实体系统的数字映射系统，也可以理解为在虚拟数字化世界中，创造一个真实研究实体对象的克隆体。

数字孪生系统总体架构分为设施层、数据层、支撑层、应用层，下面以仓库数字孪生系统为例。

①设施层：主要依托物联感知和基础资源等相关设备完成基础数据的采集，包括各类传感设备、RFID读写器、视频监控等设备。设施层充当仓库数字孪生系统的神经末梢。

②数据层：完成仓库物流管理、货架管理、视频监控、物联网等相关数据的汇聚、整合；仓库作业过程中动态产生肌理数据、三维建模、矢量化倾斜模型等数据。

③支撑层：主要具备汇聚管理、查询与可视化、平台分析、平台运行服务、开发接口的能力。

④应用层：仓库数字孪生主要具备安防管理、设备告警、虚实映射、环游视角、物资存储规划、报警中心、库存盘点、辅助决策、环境监测、人员管理等功能。

二、库房数字孪生模型

1.主要用途

为库区重点库房、重要物资及作业设施设备建立数字孪生模型。需综合考虑数字孪生模型建设的复杂度和效费比，应根据各建设单位立项论证报告中确定的建设内容，以及单位实际应用需求，确定库房数字孪生模型建设范围和功能要求。

2.应用对象

库房数字孪生模型建设主要应用对象为仓库业务综合管理系统和上位仓储物流及军队资产管理类应用。

3.功能要求

三维孪生场景复现。建立库房、货架、存储物资、叉车、RFID、AGV、集装箱等设施设备的数字孪生模型，形成三维仿真场景，提供720度环游视角，准确反映物资存储规划、存放状态和各类设施设备位置状态。

基于模型的轻量化。能够根据模型展示和信息系统调用需要，提供不同分辨率和精度的孪生模型。

辅助库存库容布局调优。实现与仓储管理信息系统和货架管理控制系统数据共享，真实复现库内物资的存储状态和货架占用情况、自动化设备运行状态，多视角展示库存库容状态，提供多种储存规模和存储位置模拟调整功能，为构建最优仓储规划布局提供可视化手段和数据支撑。

作业过程可视化展示。根据库房建设实际，充分运用历史作业数据和传感器反馈的实时数据进行作业流程模拟，对物资出入库实时场景进行仿真模拟，借助优化模型算法对各种保障场景的物资作业流程进行调整和持续升级。

4.集成和互操作性要求

库房数字孪生模型建设应提供标准的外部调用接口服务，通过服务接口按需向仓库业务综合管理系统及上位仓储物流信息系统提供三维可视数据。

✏️ 复习思考题

1.简述仓储基础设施的种类、特点及功用。

2.什么是货架？有什么功用？

3.常用货架有哪些类型？各有什么特点？应如何选用？

4.简述常用货架系统的设计方法。

5.简述自动化立体库的原理和作业流程。

6.自动化立体库是如何实现储位管理与寻址的？

7.如何合理选用自动化立体库系统？

第五章　物流包装与集装装备数智化应用

⊙ 学习目标

1. 熟悉物流包装的技术方法及典型物流包装设备分类及特点。

2. 掌握常用集器器具的技术特点，能够合理选用集器器具。

3. 理解物流包装与集装装备数智化应用的原理，初步具备实现物流包装与集装数智化的能力。

❓ 情景导入

京东物流的在库商品SKU已达千万级，其包装耗材的种类、款式、用途也各不相同，在用的包装箱、编织袋、泡沫箱、胶带、缠绕膜等多达1500种以上，光是包装箱就有着几百种不同材质、不同尺寸的选择。仅仅靠传统的人工操作方式，要让每一个包装材料都物尽其用而不浪费是不可能的。京东物流给出的解决方案是，先由"精卫推荐"选择相应的包装耗材，再由智能包装机进行实景作业，实现打包的标准化、智能化。磁悬浮打包机、枕式打包机、对折膜打包机、气泡膜打包机等各类高效能的机器设备忠实执行"精卫推荐"发出的耗材使用指令。在磁悬浮打包机作业场景，自动抓取纸箱、热熔胶、自动标签校验等技术集成应用，打包效率大大提升。在图书打包机作业场景，员工只需要将一本本崭新的书放置在传输带上，自动打包机便可将图书塑封出库。在米面粮油作业场景，面对动辄二三十斤重的商品，员工需要将商品反复搬运托举数次才能完成打包，自动打包机应用后，员工的劳动强度大大降低。自动扫描、打包、封箱、贴码等动作一气呵成，短短数秒内即可完成传统打包作业中的十几道工序，极大简化了人工操作流程，降低了员工劳动强度，效率是传统打包方式的5~10倍。

为确保物流通畅，货物进入运输和仓储作业环节前，有必要对货物进行包装、集装处理，包装与集装不仅可以提高货物的防护性能，还可以提高货物的装卸搬运活性，便于物流作业。本章主要介绍物流包装与集装技术及装备的基本知识，构建物流包装技术和集器器具体系，结合典型案例分析物流包装与集装装备的数智化应用。

第一节　物流包装技术与装备

防护是包装具有的重要功能之一，进入物流环节之前，所有货物都要进行适当的包装或捆扎，以保证货物在流通过程中不发生破损。物流包装就是在物流环节对物品进行的二次包装，物流包装的防护要求不同，采用的包装技术方法也就不同。

一、物流包装技术方法

（一）防水包装

防水包装是指为防止因水进入包装件而影响内装物质量采取一定防护措施的包装。我国地域辽阔、气候类型多样，处于湿热和亚湿热的南方地区雨水多，而货物在储运过程中，露天存放、敞篷运输的情况时常出现，很容易受到雨水影响。当储存地面排水不畅，出现积水，以及抢险救灾等应急保障过程中，货物都可能会浸泡在水中一段时间，因此，货物的防水包装至关重要。

1.防水包装原理

防水包装的基本原理就是在运输、装卸、储存过程中，为防止外界雨、淡水、海水、飞沫等渗入包装内，影响内装物质量，而采用防水材料作为阻隔层，并采用防水黏结剂或衬垫密封等措施以阻止水侵入包装内部。例如，在包装容器外部涂刷防水材料或用防水材料衬垫包装容器内侧等。

防水包装属于外包装，与内包装或其他防护包装措施、方法没有直接的联系。但是，在外包装没采取防水措施时，有时也利用内包装兼作防水措施。例如，在防水要求不高时，花格木箱外包装就可以用防潮内包装兼作防水包装。

设计防护包装时，各种具有防护功能的内包装，如防潮包装、防锈包装、防霉包装、防震包装等，可与防水包装综合考虑，但不能相互替代。防护包装一般是外包装采用防雨结构，内包装采用防潮或是防锈、防霉等结构，通常在中间包装中采用防震结构。虽然雨水和水蒸气的化学结构相同、物理性质相近，但是它们对包装件的侵袭方式和现象是各有特点的，因此防水和防潮是两种功能，其结构也不相同。防水仅能防止外界雨水、地面积水、雪、霜、露渗入包装内，对潮湿空气的阻碍作用很有限，除非采用气密性容器作为防水包装。一般防水包装没有考虑包装内残存的潮气以及内装物蒸发出来的潮气，这就需要采用防潮包装来解决。

防潮包装所用的阻隔材料，有时与防水包装相近甚至部分相同，但包装的工艺措施是完全不同的。所以，防水包装不能替代防潮包装。反之，防潮包装虽然能防止雨水的侵入，但是它不能防止储运过程中较强的机械力的作用，当遭到机械损伤后，将降低其防潮性能，失去防潮作用。所以，对防潮包装有防水要求时，其外包装宜采用防水包装。

2.常用防水包装材料

防水包装的材料分为外壳框架板材、内衬材料、密封材料等。

（1）外壳框架板材。

防水包装的外壁框架板材可以采用金属、木材或瓦楞纸板。要求应当具有一定的机械强度，应能承受被包装物品的重量以及装卸搬运、储存中遇到的各种机械应力而不损坏，特别是在受潮后仍应具有一定的机械强度，刚性不会明显降低。符合要求的材料有以下几种。

①金属板：制作金属箱的板材，可以是铁质的，也可以是铝或铝合金。

②木材：各种能用来制作运输包装的木材，如落叶松、马尾松、紫云杉、榆木、白松，及与其物理机械性能相近的其他树种。作防水包装的木材、胶合板、纤维板，可以预先作防水处理，也可以不经过防水处理，应视内装物的特点和防水包装等级而定。

③瓦楞纸板：应采用牛皮箱板纸，表面应经过防水处理，一般采用双面瓦楞纸板箱。也可以采用经过试验证明性能可靠的其他材料来制作外包装，如硬质塑料箱、钙塑箱、钢木结构组合箱、纸木结构组合箱、玻璃钢箱以及竹胶合板箱等。

（2）内衬材料。

除金属箱、塑料箱、瓦楞纸箱外，木板箱等本身并不具备防止雨水渗透的功能，必须在箱板内侧衬以其他的防水包装材料，内衬材料主要有以下几类。

①防水包装用纸：如石油沥青油毡、石油沥青纸、防潮级柏油纸、蜡剂浸渍纸、石蜡纸等。

②塑料薄膜：压延、吹塑、注塑等工艺生产的薄膜均可以应用，常用的塑料薄膜有低密度聚乙烯、聚氯乙烯、聚苯乙烯、聚氨酯、聚乙烯醇、聚偏二氯乙烯等。此外，还有塑料瓦楞板、泡沫塑料板等。

③金属类：主要是铝箔。

④复合材料：如铝塑复合、塑纸复合、塑塑复合、塑布复合等复合材料。

（3）密封材料。

主要有压敏胶带、防水粘胶带、防水黏结剂、密封橡胶等。压敏胶带用于纸箱封箱，密封橡胶可用于金属箱、罐的密封。它们应具有良好的黏结性和耐水性，遇水后，黏结性不应显著下降，结合部位不应产生自然分离现象。

此外，还有用作纸箱、胶合板箱等表面防水处理的防水涂料，如石蜡、清漆等；在包装容器外面的覆盖材料，除了应具有一定的强度和耐水性能，还应具有耐老化、耐高低温和日晒等性能。

3.防水包装等级与要求

（1）防水等级。

防水包装等级是根据包装储运的环境及浸水或喷淋试验的等级来划分的，如表5–1所示。

表5–1 防水包装等级

类别	等级	储运条件	试验条件	
			试验方法	试验时间（min）
A类浸水	Ⅰ	包装件在储运过程中容易遭受水害，并沉入水面以下一定时间	将包装件以不大于300mm/min下放速度放入水中，当包装件的顶面在水面以下100mm时开始计时	60
	Ⅱ	包装件在储运过程中容易遭受水害，并短时间沉入水面以下		30
	Ⅲ	在储运过程中包装件的底部或局部短时间浸泡在水中		5
B类喷淋	Ⅰ	在储运过程中包装件基本露天存放	以 100 ± 20（$l/m^2 \times h$）的喷水量均匀垂直向下喷淋包装件，喷水装置到箱顶面距离不小于2000mm	120
	Ⅱ	在储运过程中包装件部分时间露天存放		60
	Ⅲ	包装件主要在库内存放，但在装运过程中可能短时遇雨		5

注：必要时，包装件在进行浸水或喷淋试验前做冲击跌落试验。

（2）防水包装的一般要求。

对防浸水的防水包装容器，在装填物品后应封缄严密。特别是Ⅰ、Ⅱ级防水包装，外包装宜用金属材料或硬质塑料制作，若能保证接合处不渗水，可考虑胶合板箱或榫槽接缝的满板箱，但其内壁应有封合良好的防水里衬。对于防浸水Ⅲ级及防喷淋的防水包装，用木箱作外包装时，应视内装物的性质、精密程度选用封闭箱或花格箱，内壁衬以防水阻隔材料。

箱内壁铺衬的防水材料，应使之平整完好地紧贴于容器内壁，不得有破碎或残缺。每侧壁面应尽量选用整张的防水材料，特别是箱顶盖。若用塑料薄膜，在接缝处应焊合，四周可以进行拼接。拼接方式可以采用焊合、黏结或搭接，搭接方式应便于雨水外流，并用压板压紧钉牢。搭接宽度不小于60mm，搭接方式应便于雨水外流。顶盖应以中幅遮盖侧幅，四周应以上幅遮盖下幅。对尺寸较大的框架滑木箱顶板上的防水材料，应在中间加压板，或是顶盖采用双层木板结构，将防水材料（石油沥青油毡或石油沥青油纸）夹于其间，以防顶板积水渗入后，里衬下陷积水。为提高防水效果，也可敷设双层防水材料，如一层石油沥青油毡和一层或两层塑料薄膜，当顶盖采用双层防水材料时，外层防水材料应伸出箱边100mm以上并加压板固定。

对仅要求防雨保护的容积在1m³以上的较大型包装箱，一般需开设通风孔，避免在物品上发生凝露。通风孔应采用挡水结构，防止外界飘雨进入箱内。

对于敷设油毡等防水材料需要钉钉时，在钉钉处一般应使用密封垫。对于内装物在装箱时需要螺栓穿过防水材料，将底脚固定在外包装箱箱底枕木上时，应在穿孔处采用衬垫密封材料。

另外，对内装物应予固定或卡紧，防止在运输过程中由于颠震和装卸冲击导致内装物移位而损坏防水包装。防水包装需根据包装容器的不同，采用合适的密封工艺。

（二）防潮包装

防潮包装是为防止因潮气浸入包装件，影响内装物质量而采取一定防护措施的包装。如用防潮包装材料密封物品，或在包装容器内加适量干燥剂，也可在密封包装容器内抽真空等。其目的就是使内装物能够抵御或阻隔外界潮湿气体对内装物的影响，确保金属材料及其制品不产生腐蚀生锈，非金属材料及其制品不长霉、不变质，物品外观如新，性能良好。

1.防潮包装原理

用低透湿度或不透湿的材料，将被包装物与外界潮湿大气相隔绝，以免外界潮湿大气对被包装物产生直接影响。当材料的透湿度为零时，外界的潮湿大气不能对包装容器内的物品产生任何影响；当材料的透湿度低时，外界的潮湿大气只能缓慢地少量透过，但是，当储运时间超过有效期后，由外界透入的潮气总量使内部湿度超过60%，则也会使内装物受到潮湿的有害影响。

根据大气腐蚀理论，金属的腐蚀速度随湿度的增加而加快，当相对湿度超过某值时，其腐蚀速度会迅速增加，该值称为金属的临界湿度，如铁和铝的临界湿度为65%~70%，锌为65%，镍为80%。特别是当空气中含有二氧化硫等杂质时，腐蚀速度会更快。而在临界湿度以下，金属即使长期存放，锈蚀仍很缓慢。

对于非金属材料，则存在受潮变质的问题。当空气相对湿度超过65%时，任何物体表面都会附有0.001~0.01μm厚的水膜。极性分子的材料，表面附着的水膜较厚，而非极性分子的材料，表面附着的水膜较薄。材料表面水膜的厚度随空气相对湿度的增加而增加，湿度接近饱和时，水膜厚度可达几十微米。当温度降低时，极易使空气中的水蒸气达到饱和而发生凝露现象。当相对湿度达到80%时，纤维质材料或其他有机材料易吸水而膨胀变质。霉菌生长最适宜的温度是20~30°C，相对湿度在85%以上。有些曲霉属真菌，能在相对湿度低至65%时侵害基质，所以通常认为霉菌生长的最低相对湿度为65%。

2.防潮包装用材料

凡是能阻止或延缓外界潮湿空气透入的材料，均可作为防潮阻隔层材料。符合这一要求的材料有各种金属、塑料及经过防潮处理的棉、麻、丝、绸、木材等纤维材料。使用较多的是各种塑料薄膜、金属箔以及玻璃、陶瓷、木材等制成的容器。金属、玻璃、陶瓷等制成的容器对潮气有良好的阻隔性，而经防潮处理的木制容器单独作为防潮包装的情况已很少见，现代防潮包装常用的是塑料及铝箔等材料。

聚乙烯（PE）：具有较好的物理机械性能，密度比水小，薄膜几乎透明，有较好的揉曲性、弹性及优异的化学稳定性，成型及操作性能好，易于加工，热导率低、无毒、成本低廉，在包装领域应用广泛。聚乙烯薄膜按其密度不同而分为低密度（LDPE，0.91~0.925g/cm^3）、中密度（MDPE，0.926~0.940g/cm^3）、高密度（HDPE，0.941~0.96g/cm^3）三种。随密度的增加，聚乙烯对水蒸气、O_2、CO_2的阻隔性能增强，刚性增强，但透明度、延伸率、冲击强度下降。低密度聚乙烯主要用作防潮薄膜或复合薄膜的防潮热封层、泡沫塑料等，中密度和高密度聚乙烯主要用作中空容器和周转箱等。

聚丙烯（PP）：具有机械强度高、拉伸弹力高、弯曲寿命长、摩擦系数低、耐磨性好、蠕变性小、密度低（0.89~0.92g/cm^3）、透明度高等特点。聚丙烯薄膜具有良好的潮气阻隔性，同时，耐酸、耐碱、耐油性能均良好，质轻柔软的薄膜耐低温性能良好（可耐–50°C），成型加工性能良好，可"拉伸"得到高强度的膜、带、绳等，用作包装用的打包带、编织袋、薄膜、中空容器、周转箱等。

聚氯乙烯（PVC）：按增塑剂邻苯二甲酸酯用量的不同，分为硬聚氯乙烯（HPVC）和软聚氯乙烯（SPVC）两大类。聚氯乙烯的物理、化学性质均较优，具有良好的空气、潮气阻隔性，也阻燃，但薄膜受温度变化影响会析出增塑剂，氯乙烯单体能发出气体和游离出氯离子，限制了它在包装中的应用。

聚苯乙烯（PS）：成型加工性优良，透明度高，硬度高，耐冲击性、耐水性好，易于着色，但潮气阻隔性不如聚乙烯。加入发泡剂后，可得到发泡倍数很高的发泡体，若采用发泡珠粒成型，可得到各种需要形状的泡沫塑料，也可做成低发泡率的合成纸和薄片材料等。在包装上主要用作中空吹塑和注射成型容器。

聚酯（PET）：无色透明，韧性强，抗张强度大（是聚乙烯的5~10倍），耐热、耐寒性好（–70~150°C），具有良好的气密性和防潮性，耐油、酸，但不耐强碱，易燃，成本高。包装上主要用作复合膜的透阻性基材。

聚偏二氯乙烯（PVDC，赛纶）：与其他薄膜相比，具有极好的防潮性和气密性，在其他薄膜上涂布薄薄一层后，就可改善防潮性能，耐酸、碱和有机溶剂，耐100°C高温，但加工成型较难。

尼龙（PA或简写为N）：强度高，屈服强度极高，伸长率很高，耐低温、耐磨、耐穿刺，耐碱和稀酸，但不耐强酸和氧化剂，O_2、CO_2透过率低，但是防潮性差。包装中主要做复合薄膜或复合中空容器的阻隔性基材。

铝箔：是厚度小于0.15mm的铝压延片材，具有极好的阻隔性。厚度大于0.02mm时，水、水蒸气、气体的渗透率是零。镀铝薄膜在软包装中的应用十分广泛，主要基材有聚酯、尼龙、聚乙烯、聚丙烯等薄膜。

复合材料薄膜：单一成分的薄膜在性能上总存在一些不足，可选用不同成分的薄膜进行层合，取长补短，可更有效地保护内装物，如图5-1所示。目前，市场上已有一百多种塑料复合薄膜，还可以根据用户的需要生产新的复合薄膜。

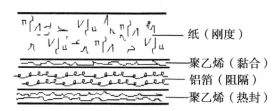

图5-1　复合材料结构示意

在考虑复合薄膜时，应根据待包装物品的情况来选择层合膜的材料，使每一层都有其特殊使命。如防潮要求高，可选聚乙烯、聚酯、聚偏二氯乙烯或铝箔；对强度要求高，可用纸或布；对印刷要求高，可考虑赛珞玢或醋酸酯；要求热封性好，可选用聚乙烯等。由纸、铝箔、聚乙烯构成的层合膜是复合薄膜的主要品种，常以"纸/PE/铝箔/PE"缩写方式表示，写在前面的是外层，写在最后的是与物品直接接触的内层，外层纸提供拉伸强度及印刷表面，铝箔提供了极好的阻隔性，层间聚乙烯起黏合作用，内层聚乙烯起热封合作用。

3.防潮包装等级与要求

（1）防潮包装等级。

防潮包装等级的确定应根据内装物的性质、储运地区的气候特征和储运期限等因素进行综合考虑，防潮包装等级如表5-2所示。

表5-2　　　　　　　　　　　　　防潮包装等级

等级	透湿度		内装物与储运条件		
	薄膜（g/m²×d）	容器（g/m²×30d）	储运期限	气候类型	内装物性质
I	<2	<5	一年以上两年以下	高温（>30℃）高湿（>90%）	贵重、精密，对湿度敏感、易生锈、长霉

续表

等级	透湿度		内装物与储运条件		
	薄膜 （g/m²×d）	容器 （g/m²×30d）	储运期限	气候类型	内装物性质
Ⅱ	<5	<120	半年以上一年以下	中温（20~30℃） 中湿（70%~90%）	较贵重，较精密，对湿度轻度敏感
Ⅲ	<15	<450	半年以下	常温（<20℃） 常湿（<70%）	对湿度不敏感的物品

在进行防潮包装设计时，首先，根据物品的性质确定包装等级；其次，根据储运环境的气候类型确定包装等级；最后，估计需要的储运期限，确定包装等级。一般从这三种等级中选择最高者作为设计防潮包装件的包装等级。然后再根据透湿度的要求选择由合适的阻隔材料制成包装容器。

（2）防潮包装的一般要求。

在进行防潮包装前，物品应清洁干燥，不应有污秽、汗渍、露水等。若物品或其零部件还需要其他保护措施，如防锈、防霉等，应在防潮包装前予以处理或防护。应尽量使物品活动部件处于使物品包装容积最小的位置，尽可能减小包装表面积。当物品有尖突部位可能损坏防潮阻隔层时，应予包扎。防止运输颠震的缓冲衬垫应尽量放在防潮阻隔层的外部，若需要放在内部时，衬垫须是干燥的。对较重的物品，需要用螺栓固定，当螺栓穿过防潮阻隔层时，应在该处用橡皮密封垫圈等进行密封。防潮包装应尽量做到连续操作，一次完成。若在包装过程中间停顿，则应采取有效的临时防潮保护措施，防止已作干燥处理的物品和缓冲材料等受潮，否则应重新干燥处理后方可再包装。包装场所应清洁、干燥，温度在35℃以下，相对湿度不高于75%，且温度不应有急剧变化，以免发生凝露现象。

（三）防锈包装

防锈包装是为了防止金属制品锈蚀而采用一定防护措施的包装。机电产品储运中，锈蚀具有严重的破坏作用，轻者影响其精度等性能，重者将使整台装备报废。

1. 金属制品锈蚀的主要原因与特征

金属制品通常多采用铸铁、碳钢、铜、铝等金属材料制造，这些材料中使用最多的是铸铁和碳钢，它们的耐锈蚀性都较差。铸铁和碳钢在大气中生成的铁的氧化物组织疏松，不能起保护作用。另外，在铁的电解液中，二价铁离子能被氧化为三价铁离子，而三价铁离子具有阴极去极化作用，这就使锈蚀的电化学过程更易进行。铸铁与碳钢的锈蚀临界湿度为60%~65%，而储运环境湿度一般为60%~90%，所以，金属制品若不及时防锈或处理不当，就很容易锈蚀。而合金钢由于含有铬等元素，铜及其合金由于电极电位高，铝虽然电极电位低但在大气中生成的致密氧化膜具有良好的保护作用，它们不易锈蚀。

金属表面加工的粗糙度越高，锈蚀速度越快；经过锻、焊、拉、压、弯加工后，在金属内部产生的应力变化也会促进锈蚀。如金属制品封存前清洗不净、热处理残盐清理不净、防锈材料变质或质量不好、超期储存等，都会导致锈蚀。如空气湿度过大、空气中有害物质（二氧化硫、氯化物、尘埃等）含量过高、气温高、雨水多等因素，也会加速金属的锈蚀。

同一金属在不同环境下的锈蚀产物有不同的特征，表5-3是常见金属材料经大气锈蚀的情况。

表5-3 常见金属材料经大气锈蚀的情况

金属材料	锈蚀特征	锈蚀产物及颜色
铸铁、碳钢	开始时表面发暗，轻锈呈黑灰色，进一步发展变为褐色或棕黄色，重度锈蚀时呈棕色或褐色疤痕，甚至产生锈坑。铲除锈蚀产物，底部呈暗灰色，边沿不规则	$Fe(OH)_3$黄色，Fe_3O_4黑色，$FeO(OH)$棕色，Fe_2O_3红色，FeS黑色，$FeCl_3$暗褐色，$FeCl_2$暗绿色
铜合金	呈绿色，也有呈橘红色或黑色薄层；铝青铜的锈蚀呈白色、暗绿及黑色薄层，严重时呈斑点状或层状突起，除去绿色锈斑产物后，底部呈麻坑	CuO黑色，Cu_2O橘红色，CuS黑色，$CuCl_2$绿色，$Cu(OH)_2$、$CuCO_3$绿色
铝合金	初期呈灰白色斑点，发展后出现灰白色锈蚀产物，刮去锈蚀产物后，底部出现麻孔，硬铝会出现局部锈蚀、剥蚀、晶间腐蚀	Al_2O_3白色，$Al(OH)_3$白色，$AlCl_3$白色

2. 常用防锈包装材料

常用防锈包装材料主要有防锈油脂、气相缓释剂和可剥性塑料三大类。

防锈油脂：以矿物油或合成油为基础，添加油溶性缓释剂和辅助添加剂配制而成。其防锈机理是由添加剂分子和金属紧密吸附，另一端和基础油吸附，从而形成比较紧固的吸附膜，达到隔绝水、氧及其他锈蚀介质的目的。

气相缓释剂：利用其缓慢挥发，扩散到金属表面，与金属起阳极钝化作用，以阻滞阳极的电化学过程。带有较大非极性基的有机阳离子，定向吸附在金属表面上形成憎水膜，既屏蔽了腐蚀介质的作用，又降低了金属的电化学反应能力。

可剥性塑料：以塑料为基体，加入增塑剂、稳定剂、防霉剂、矿物油以及防锈剂等配制而成的防锈包装材料。

3.防锈包装工艺

（1）防锈包装前的预处理。

机电产品上附有的汗迹、灰尘及其他油迹，会影响防锈包装效果，必须予以清理。清理的方法主要有清洗和干燥。

清洗一般是采用具有较好的溶解去油能力、良好挥发性和对金属无腐蚀的清洗剂，如石油系清洗剂中的汽油、煤油，水基金属清洗剂中的GY-1除蜡水、831、832、SF-1、SF-2，氯化烃清洗剂中的三氯乙烯、四氯乙烯，有机溶剂清洗剂中的丙醇、乙醇，碱性清洗剂中的氢氧化钠、碳酸钠、磷酸三钠、水玻璃、焦磷酸钠水溶液等，通过浸洗、擦洗、喷淋和超声清洗等方法进行清洗。

干燥就是采用压缩空气吹干、烘干、擦干、晾干和防锈油脱水等方法。

（2）防锈包装方法。

根据防锈材料与被包装物的防锈期限，分为9类18种方法，如表5-4所示。

表5-4　　　　　　　　　　防锈包装方法

代号	名称	方法	适用范围
M-1	一般防潮防水包装	经清洗、干燥后，直接用防水包装材料进行包装	油漆涂装件、电镀件、不锈钢件
M-2	防锈油脂包装封存		
M-2-1	涂封防锈油脂	制品经清洗、干燥后，直接涂封防锈油脂	大型通用机械、重型机床等
M-2-2	涂封防锈油脂，包贴防锈纸	制品经清洗、干燥后，涂封防锈油脂，再包贴苯甲酸钠防锈纸	机床、锻压机械的整机封存
M-2-3	涂封防锈油脂，装入塑料袋	制品经清洗、干燥后，涂封防锈油脂，然后装入塑料袋中，再用粘胶带或热压封口	防锈期较长的物品
M-2-4	涂封防锈油脂，铝塑薄膜包装	制品经清洗、干燥后，直接涂封防锈油脂，然后装入铝塑薄膜中，热压焊封口	防锈期限长的精密机械、仪器、仪表
M-3	气相防锈材料包装		
M-3-1	气相缓释剂包装	气相材料与被防护金属的距离要求不超过30cm；包装容器应密封；包装容器材料的透湿度应小于$15g/m^2 \times 24h$。使用粉状、片状、丸状气相缓释剂，用量不低于$30g/m^3$	形状、结构复杂，有孔、槽、缝的制件，及普通标准件
M-3-2	气相防锈纸包装	使用气相防锈纸包装制品，再装入塑料袋中密封	
M-3-3	气相塑料薄膜包装	使用气相塑料薄膜包装制品，再将封口热压焊封	

续表

代号	名称	方法	适用范围
M-4	密封容器包装		
M-4-1	刚性金属容器密封包装	制品经清洗、干燥后，涂封防锈油脂，用防锈纸包扎，装入刚性金属容器中，衬垫缓冲材料，再密封	防锈期限长的军械零部件
M-4-2	非金属刚性容器密封包装	制品经清洗、干燥后，涂封防锈油脂，装入由非金属材料制成的刚性容器中，再密封	高精度物品
M-4-3	刚性容器中用防锈油浸封	制品经清洗、干燥后，放入装有防锈油的刚性容器中，使制品完全浸入，衬垫缓冲材料，再密封	微型轴承、油泵、油嘴等
M-5	气相防锈油封存包装	将气相防锈油注入或喷入物品内腔，由气相防锈剂挥发充满空间而防锈，用油量约6kg/m³	齿轮箱、液压件等的封存
M-6	可剥性塑料包装		
M-6-1	热熔型可剥塑料包装	采用热熔型可剥性塑料封存制品，一般以纤维素为基体材料	滚刀、齿轮等有刃口物品
M-6-2	溶剂型可剥塑料包装	采用溶剂型可剥性塑料封存制品，一般以乙烯塑料为基体材料	
M-7	真空贴体包装	制品经防锈处理后，用纤维素材料或塑料薄片，由抽真空成型	防锈要求高的物品
M-8	充氮包装	制品清洗、干燥后，装入密封性良好的金属或非金属容器中，抽出空气，充以氮气，然后密封	忌油物品包装，防潮期限长的物品
M-9	干燥空气封存包装		
M-9-1	刚性容器干燥封存包装	将经过防锈处理的制品放入刚性密封容器内，并放入一定量的干燥剂，然后密封	军工制品
M-9-2	非刚性容器干燥封存包装	将经防锈处理的制品装入由聚乙烯或铝塑复合薄膜制成的容器内，放入一定量的干燥剂，然后密封	精密物品

（四）防霉包装

防霉包装是为了防止包装和内装物霉变而采用一定防护措施的包装。在湿热带，除高温高湿外，还有与之并存的生物因素可能对储运中的物品构成危害。生物因素包括霉菌、昆虫、螨类、啮齿动物、海洋生物等，其中对包装件影响较大的是霉菌，全国除干热、寒冷地区外，大多数地域的温湿度环境都适合霉菌的生长。

1.防霉包装原理

霉菌的生命活动与外界环境密切相关，其中起主要作用的是温度、湿度、营养物质、氧气和pH值。目前，食品、被装以及多数有机包装材料都具备霉菌生长所需的大量营养物质，本身并不具备营养物质的金属因储运过程中油脂、昆虫、汗水等的污染也会产生供霉菌生长的营养物质，在高温、高湿的环境下很易受到霉菌的侵蚀。当外界环境中有利于霉菌生长的各因素处于其生长的最低限度时，霉菌就开始生长，在其生长的最高限度时，霉菌就终止生长。

根据上述的霉菌生理特性，只要控制温度、湿度、营养物质、氧气和pH等因素中的任何一个，就可以控制霉菌的生长。例如，在相对湿度低于60%时，霉菌就会失去生长能力，因此只要包装时能把容器内的微气候环境湿度控制在60%以下就可防霉。同样，把其他因素控制在霉菌生长的临界点以下即可防霉。

2.防霉包装等级

按照包装件长霉试验结束后，打开包装件，物品长霉的程度将防霉包装分Ⅰ、Ⅱ、Ⅲ三级。

Ⅰ级防霉包装：物品表面用肉眼看不见菌丝生长。

Ⅱ级防霉包装：物品表面霉菌呈个别点状生长，霉斑直径小于2mm，或菌丝呈稀疏网状生长。

Ⅲ级防霉包装：物品表面霉菌呈稀疏点状生长，其中个别霉斑直径2~4mm，或菌丝呈稀疏网状分布，生长面积小于总面积的25%。

3.防霉包装材料

根据材料抗霉能力的不同，将包装材料分成下列几种类型。

抗霉性较好的材料。主要是金属和部分非金属材料，金属材料主要以钢铁、铝、铜为主，金属包装容器可作长期密封封存包装，耐潮，强度高，但笨重且成本高。非金属材料主要是钙塑瓦楞箱，具有较好的抗霉性和防潮性，但耐老化性能差，且表面光滑不易堆垛。

半抗霉性材料。主要是一些塑料及复合材料，聚氯乙烯、聚乙烯、聚丙烯、聚苯乙烯等塑料的抗霉性能与生产工艺、原料和配料等情况有关，抗霉性能因厂家的不同而异。复合材料的抗霉性能与其组分有关，含有有机纤维材料的复合材料抗霉性较差。

不抗霉材料。纸、纸板、油毛毡、木材、棉、麻纤维织物、绳索等材料都比较容易长霉，属于不抗霉材料。要使这些材料具有一定的抗霉能力，可从控制含水率和进行防霉处理方面着手，如木材含水率在12%~15%时就具有抗霉性，采用对霉菌具有毒性或致死的化学物质处理后，不抗霉材料也能防止长霉。

4.防霉包装方法

密封包装。采用干燥空气封存包装、抽真空后置换惰性气体封存包装、除氧封存包装等方法，能达到长期防霉的效果。

非密封包装。设计合理，并采用有效防霉、防潮措施的非密封包装，也能有免除或减缓霉菌侵蚀的作用。例如，在不抗霉的物品表面涂防霉漆，或在物品的生产配方中添加防霉剂。

（五）防震包装

防震包装也称为缓冲包装，是为了防止物品在储运过程中的机械振动、冲击损坏而采用一定防护措施的包装。一般来讲，物品要经过储运而完好无损地运送到使用方，就必须采用恰当的防震包装。

1.振动和冲击对物品的影响

根据物理学中简谐振动的规律，做简谐振动的物体受到的最大外力等于物体质量与最大振动加速度的乘积，而最大振动加速度等于振幅与振动角频率平方之积，即

$$F_m = mA\omega^2 = 4\pi^2 mAf^2 \tag{5-1}$$

式中：

F_m——作用在物体上的最大外力；

m——物体质量；

A——振幅；

ω——振动角频率；

f——振动频率。

物品在运输过程中，其振动情况是比较复杂的非简谐振动，在物理上可视为带阻尼、运输工具做策动力而受迫运动的弹簧振子，其中缓冲衬垫可看作带阻尼的弹簧，内装物品可看作质点。

将运输工具的振动进行频谱分解，可以发现起主要作用的是低频振动，对于车、船、飞机等运输工具，振动的截止频率不大于100，其中振动频率为 f 的成分，其振幅为 X_f，包装件的固有频率为 f_n，阻尼比为 ζ，则内装物品的振幅 A 为

$$A = X_f \sqrt{\frac{1 + (2\zeta \frac{f}{f_n})^2}{(1 - \frac{f^2}{f_n^2})^2 + (2\zeta \frac{f}{f_n})^2}} \tag{5-2}$$

可见，内装物品的振幅与运输工具（如车辆的车厢）的振幅成正比，比例系数（称为振动的传递率）由阻尼比 ζ 和频率比 f / f_n 共同决定。

由式（5-2）可以看出：当频率比f/f_n接近于1，即包装件的固有频率与车厢的振动频率相近时，传递率很大，例如，$\zeta=0.01$，频率比$f/f_n=1$时，传递率为50，内装物品的振幅为车厢振幅的50倍，而作用在包装件上的外力与振幅成正比，内装物品极易损坏，这种情况在物理学上称为"共振"，在防震包装中应该避免；当频率比f/f_n小于1，即车厢振动频率低于固有频率时，传递率会随频率比f/f_n的减小而降低，且逐渐趋于1，此时，外界振动不经衰减地传输到内装物上，包装失去了保护作用；要使传递率小于1，即内装物品振幅小于车厢振幅，应使频率比远大于1，同时缓冲材料的阻尼系数要小，例如，$f/f_n=4$，$\zeta=0.1$，则传递率只有9%，内装物就可以得到有效保护。

防震包装中最常用的橡胶类衬垫的阻尼比如表5-5所示。

表5-5　　　　　　　　　　　　　　橡胶类衬垫的阻尼比

名称	阻尼比	名称	阻尼比
天然橡胶	0.01~0.08	丁苯橡胶	0.05~0.15
氯丁橡胶	0.03~0.08	异丁橡胶	0.05~0.50

冲击最严重的一般来自包装件的装卸作业。以包装件的自由下落为例，运用物理学的规律，可以分析平均冲击力。

设物体自由下落的高度为h，重力加速度为g，则落地前一瞬间的速度大小v为

$$v=\sqrt{2gh} \tag{5-3}$$

包装件碰到地面后，在很短的时间内就变为静止，设碰撞时间为t，包装件质量为m，则由动量定理可得到地面对包装件的平均冲击力F为

$$F=\frac{m\sqrt{2gh}}{t}+mg \tag{5-4}$$

因为碰撞时间很短，通常在毫秒数量级，未经包装保护的物品受到的平均冲击力产生的加速度很容易超过其能承受的最大加速度（称为脆值），例如，从$h=1\text{m}$高处落下的物品，碰撞时间t为4ms，则平均冲击力产生的加速度为

$$\frac{F}{m}=\frac{\sqrt{2gh}}{t}+g=\frac{\sqrt{2\times10\times1}}{4\times10^{-3}}+10=1128\text{m/s}^2\approx113g$$

由式（5-4）知，要减小冲击力，最有效的方法是延长碰撞时间t，防震包装中的缓冲衬垫就起到了这一作用。

2.防震包装方法

物品防震包装方法很多，设计时，应视物品的性能、形状、重量、尺寸等因素而采用相应的方法。

（1）全面缓冲包装。

物品或内包装的整个表面都用缓冲材料进行衬垫的包装称为全面缓冲包装。衬垫主要由细条状、粒状或片状缓冲材料组成，如图5-2所示。由于这些材料不预先加工，所以特别适合小批量的包装，至于大批量的包装，一般采用成型器材。

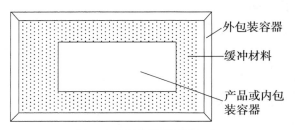

外包装容器

缓冲材料

产品或内包
装容器

图5-2　全面缓冲包装示意

（2）部分缓冲包装。

物品或内包装采用角衬垫或侧衬垫以及两者并用的包装称为部分缓冲包装，如图5-3和图5-4所示。主要用于大批量的包装。

另外，当物品在不同方向上的脆值差异较大时，可在脆值小的特定方向上进行缓冲加强。对有突出部位的物品，缓冲材料厚度的计算应从突出部位的最外侧到外包装容器的内侧为止。对形状不规则物品，应装入成型材料中，或用组合的纸格、纸板等材料将其牢固支撑，然后用缓冲材料保护。

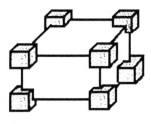

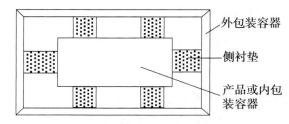

外包装容器

侧衬垫

产品或内包
装容器

图5-3　角衬垫包装示意　　　　图5-4　侧衬垫包装示意

（3）浮吊包装。

对防震要求较高的物品，如精密机电设备、仪器仪表等，可采用浮吊包装。先将物品放入纸盒中，物品与纸盒各面均用柔软的泡沫塑料进行衬垫，盒外用帆布包缝或装入纸板箱，然后用弹簧张吊在外包装箱内，使物品悬浮吊起。通过弹簧和泡沫实现双重缓冲，弹簧的长度、硬度和泡沫的厚度可按振动和冲击的具体情况进行计算。

（4）防倒包装与常平包装。

当物品必须向上放置，不能侧放或倒放时，可采用防倒包装或常平包装。简易的防倒包装是将瓦楞纸板做成底盘较大、顶上有手提装置的纸箱，木箱和胶合板箱可在箱底用木条搭成撑挡，向四周伸出。对水平要求非常严格的物品，可采用常平包装，即通过设计一种结构，使得内装物在搬运过程中，始终保持原来位置不变。

（六）智能包装

智能包装是综合运用生物医学工程、生物化学、材料科学与工程、电子科学与工程等学科先进技术，交叉融合发展出来的新型包装方式。智能包装为产品在全生命流程中提供了可靠的技术支撑，既能够反馈产品自身数据，便于统一管理，又能够由此提升防护水平及服务质量。智能包装能让包装含有大量的商品信息，通过传感器元件或条码以及商标信息系统，将标记和监控系统相结合，形成一套扩展跟踪体系。它能监测、记录、传输产品在储运过程中温度、湿度、压力、密封性等数据的变化情况，并对产品或包装内部环境变化进行调控。

1992年12月，世界上第一次关于"智能包装"的国际会议在伦敦召开，会议为"智能包装"下了这样的定义：在一个包装、一个产品或产品—包装组合中，有着一个或多个集成化元件或一项固有特性，通过这类集成化元件或者固有特性把符合某种特定要求的职能成分赋予产品包装功能中，或者体现在产品本身的使用属性中。智能包装主要包括材料智能包装、结构智能包装和数字智能包装三类。

1.材料智能包装

材料智能包装是指通过应用一种或多种具有特殊功能的新型包装材料，改善和增加包装的功能，以完成特定目的的新型智能包装。其主要类型如图5-5所示。

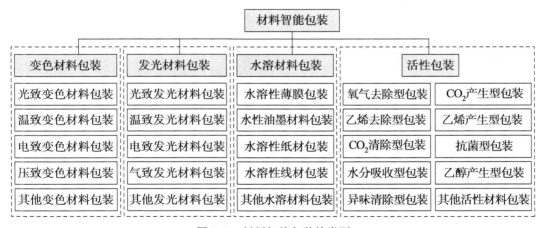

图5-5 材料智能包装的类型

（1）变色材料包装。

变色材料包装是材料智能包装的主要类型之一，指在包装上应用变色材料，使包装具有智能特征，并通过颜色的变化来作出反馈。

光致变色材料包装：在包装上整体或者部分应用光致变色材料，使包装在受到光源刺激后能够产生颜色的变化，可用于包装的展示、销售、防伪等领域。

温致变色材料包装：在包装上整体或者部分应用特殊材料使包装随温度上升或下降而发生颜色改变，可用于食品、药品、日化用品等领域的销售展示、温度指示、化学防伪、趣味娱乐等方面。

电致变色材料包装：在包装上应用电致变色材料，使包装或者包装的某些部件在电力作用下，产生稳定可逆的颜色变化，颜色变化的程度与注入或抽出电荷的多少有关，因此可以通过调节外界电压或电流来控制电致变色材料的致色程度。

压致变色材料包装：在包装上整体或者部分应用压致变色材料，使包装在受到外力刺激时发生颜色上的改变。

（2）发光材料包装。

发光材料包装指在包装上应用发光材料，使包装能够以某种方式吸收能量，并以发光的形式表现出来，进而通过包装本体颜色以及与环境光的颜色进行叠加呈现出第三方色彩去实现包装特殊信息有效传递的一类包装。

（3）水溶材料包装。

水溶材料包装指在包装中应用水溶材料，通过对外界条件的控制，使包装本体具备某些智能的特征，以代替人在包装使用过程中的部分行为步骤，进而实现一些特殊的功能（如产品的定量使用、防伪等功能）以提高产品的使用效率等的包装。

2.结构智能包装

结构智能包装是指通过应用压力、弹力、机械设计等物理学原理，使包装拥有特殊功能和智能特征，满足更加简洁、方便、安全的需求。其主要类型如图5-6所示。

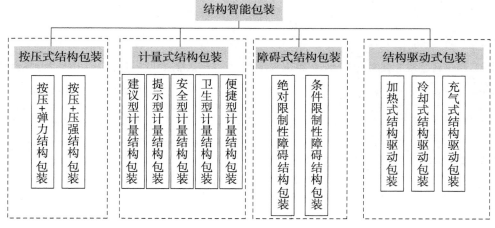

图5-6　结构智能包装的类型

（1）按压式结构包装。

按压式结构包装是指通过按压装置来改变结构内部空间的能量变化，利用产生的压力或弹力实现包装的开启或包装内容物获取的一种便捷型、人性化的包装形式。

（2）计量式结构包装。

计量式结构包装是指在包装的使用过程中，通过包装中某一特殊部分作为计量器具，可量取被包装物的一个已知、固定的量，满足人们合理用量需求的一类包装形式。

（3）障碍式结构包装。

障碍式结构包装是指通过改变包装整体或局部的结构，适当增加障碍元素来限制或调控包装的使用行为，从而实现保护内容物及特定对象安全的包装形式的包装形式。

（4）结构驱动式包装。

结构驱动式包装指通过结构驱动引导并触发包装内部的相关材料或技术，改变包装内部原有的空间状态，从而实现包装在使用或流通过程中的某种特殊功能的包装方式。

3.数字智能包装

数字智能包装是指通过加入电子集成元件融入物联网、增强现实技术等数字信息技术，使包装具有信息传达、管理控制、防伪安全、交互体验等功能的包装形式。其主要类型如图5-7所示。

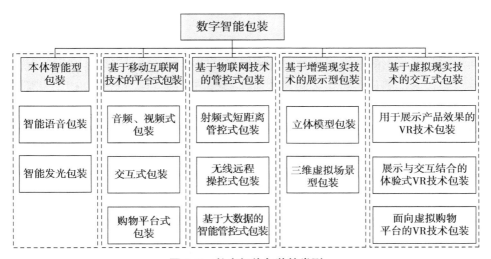

图5-7　数字智能包装的类型

（1）本体智能型包装。

本体智能型包装包括智能语音包装和智能发光包装两种形式。

智能语音包装是指在包装中采用语音技术，使包装在具有保护产品、方便运输等包装基本功能的同时，实现以语音方式传达产品信息的一类新型人机互动式包装。根据功能的不同，将智能语音包装分为智能语音警示导向包装和趣味性数字音乐包装两种。

智能语音警示导向包装是一种以信息提示与导向为主导作用的智能语音包装。其主要是通过感应器与播放器的结合，实现包装在使用过程中的某些特殊功能，如受潮提示、过重提示、高温提示、使用信息导向等。这类包装在应用过程中比较普遍，目前在药品、食品、盲人产品等包装中应用较多。

趣味性数字音乐包装是指通过一些趣味性的音乐来实现娱乐功能的包装形式。一般而言，此类包装不仅强调外观的艺术性与趣味性，还要求根据产品的主题内容来选取艺术性较高的音乐，以包装的外观形象与听觉的优化组合，切实体现包装的多感官娱乐功能。

（2）基于移动互联网技术的平台式包装。

基于移动互联网技术的平台式包装是指消费者利用智能设备扫描或感应包装上的驱动符号，通过第三方信息交互平台提供更多商品信息与购物选择的一种交互式包装形式。包括Web网页、App、线上商店和小程序等平台形式。

平台式包装除了具备包装基本的保护与运输功能外，其优势在于能够扩展包装信息的展示空间，使包装的交互体验形态从原有的单一信息获取方式转变为多维空间沉浸方式，实现了信息传达载体从实体包装到非物质形态的转变，有效解决了包装印刷污染、过度包装等环保安全问题，增强了包装的数字信息传达与多维交互的产品展现形式。

（3）基于物联网技术的管控式包装。

基于物联网技术的管控式包装是在物联网、大数据、云计算等多个技术集成的基础上，通过信息传感设备将包装和互联网连接起来，进行信息交换和通信，使包装在存储、运输、销售以及使用过程中能够按照人为设定的模式进行监控和管理的一类新型包装形式，也称为物联网管控式包装，如图5-8所示，主要有射频式短距离管控包装、无线远程操控式包装和基于大数据的智能管控包装三种。

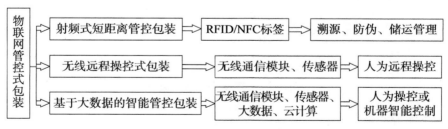

图5-8　物联网管控式包装的类型

射频式短距离管控包装是建立在物联网技术基础上的一种包装形式，此类包装以射频式标签为信息载体，在一定范围内把信息通过电子标签及传感器上传并存储到设备或系统中，以此对物品的信息进行相应的储存、分析和处理，从而实现包装的短距离管理和控制。射频式短距离管控包装通常使用RFID和NFC两种智能标签作为功能实现的模块，由于其标签承载的数据信息通常只需读取、交换和对比，因此并不需要大数据的支撑。

无线远程操控式包装是利用无线通信技术和物联网技术实现用户使用智能终端发出指令即可对包装进行远程操控的一类包装形式。随着无线通信技术和智能手机的发展，包装的无线远程操控技术日益成熟。当前包装的无线远程操控功能需要多方面技术和部件的综合运用：首先，需要将Wi-Fi、蓝牙或红外等电子集成元件安装在包装上，使包装具有与智能终端进行无线通信和信息交换的能力；其次，包装还需配备一定的传感器生成并存储包装的各项数据信息；再次，为了实现包装的某些动作行为，实现发光、发声、包装的开启或关闭等，包装还需要通过一定的结构设计和发光、发声的硬件配合；最后，用户使用智能手机终端发出操作指令，包装接收信息并对信息进行处理，完成需要的动作后将结果返回至用户。

基于大数据的智能管控包装能够通过传感器和数据分析电子元件，把得到的信息传送至云服务平台，使用大数据技术推算最优化的操作方案，并返回信号给包装以实现对包装的自动化操作。与物联网管控式包装的其他两种包装类型相比，使用大数据的智能管控包装最大的优势就是它可以不受人为干预自主控制包装。这种控制是在进行数据分析之后，由系统推算出最优、最简单、最有益的并能够直接作用于包装的控制方式，已经接近人工智能包装的基本形态。

（4）基于增强现实技术的展示型包装。

增强现实（Augmented Reality，AR）技术是借助光电显示技术、交互技术、多种传感器技术和计算机图形与多媒体技术将计算机生成的虚拟环境与用户周围的现实环境融为一体，使用户从感观效果上确信虚拟环境是其周围真实环境的组成部分。基于AR技术的展示型包装可以实现将包装及产品从二维平面到三维立体的转变，信息容量上可以承载的信息更多，操作体验上使包装更具互动性和趣味性，还可以提供产品相关的拓展服务，从而使消费者对产品进行更深入的了解。归纳起来，AR技术包装的功能特性主要集中在提供包装的多维展示方式，提升包装导购促销的效果以及提供一定的教育和娱乐功能。

（5）基于虚拟现实技术的交互式包装。

虚拟现实（Virtual Reality，VR）技术是利用三维图形技术、多媒体技术、仿真技术、显示技术、伺服技术等多种高科技，借助计算机等设备产生一个逼真的三维视觉、触觉、嗅觉等多种感官体验的虚拟世界，从而使处于虚拟世界中的人产生一种身临其境的感觉。随着产品种类与用户需求呈现多元化发展，虚拟现实技术的优势逐渐显现，运用虚拟现实技术的智能化包装能够帮助人们在虚拟世界中全方位地了解与感受产品，获得别样的包装体验效果。虚拟现实技术为智能化包装提供了一种新型体验方式。

基于VR技术的交互式包装主要分为用于展示产品效果的VR技术包装、展示与交互结合的体验式VR技术包装和面向虚拟购物平台的VR技术包装三种类型。用于展示产品效果的VR技术包装采用动态的听觉、视觉效果辅助用户了解产品及包装信息，解决了传统包装的信息展示往往受限于包装形态及印刷版面的大小问题；展示与交互结合的体验式VR技术包装使用户能够通过操作手柄或简单的交互动作获得三维空间的交互体验以提升产品及包装的展示效果，同时增强包装信息获取的效率。由于VR交互技术的要求，此类包装通常需要配合计算机等运算处理设备辅助显示头盔或VR眼镜，以及下达指令的手柄设备。随着移动智能终端硬件规格的提升，也可以利用移动智能终端硬件（如智能手机）实现一定的虚拟场景及三维模型的运算处理任务；面向虚拟购物平台的VR技术包装不仅可以像网络购物平台那样给人们足不出户的购物体验，还可以提供一个交互式的虚拟购物世界，让人们仿佛置身现实世界的超市中一样购物，是一种身临其境的购物体验。这也是继实体购物、网络购物之后一种新的购物方式。

（七）集装包装

将若干相同或不同的单位包装组合成一件大包装，或者装入一个大的包装容器内，形成一个便于机械化储运的大的包装单元，就是集装包装，又称集合包装或组合包装。为了便于机械装卸，对脆弱且又不易解决人力装卸冲击的有防震问题的物品，可采用集装包装的方法，使包装体积增大、重量加大（总重量超过200kg），人力难以装卸，能有效避免因抛、扔包装产生的冲击问题，起到防震包装的作用。

二、常用的物流包装装备

（一）包装装备的概念

包装装备也称包装机械，是指完成全部或部分包装过程的一类机械。包装过程包括充填、裹包、封口等包装工序，以及相应的前后工序，如清洗、干燥、杀菌、计量、标记、紧固、集装、拆卸等。

物品包装操作机械化是提高包装工作效率和包装质量的重要手段，是促进物品生产与流通的积极措施。其意义是：降低劳动强度，提高劳动生产率，改善劳动条件；保证物品质量，提高包装的技术水平；计量准确，外观整齐、美观，能完成手工操作所不能做到的真空与热成型等；减少或降低成本；提高物流效益和科学技术水平。

1.包装机械的分类

包装机械的种类很多，其分类方法也是多种多样的。

（1）按包装操作方法，可分为充填、捆包、裹包、泡罩、缠绕、封合、加标、清洗和灭菌等包装机械。

（2）按包装物品，可分为食品、药品、日用工业品、化工产品等包装机械。

（3）按包装容器，可分为装箱、装盒、装袋、装瓶、装罐、装桶等包装机械。

（4）按包装层次，可分为单层包、多层包等包装机械。

（5）按包装大小，可分为小包、中包、外包等包装机械。

（6）按特种包装，可分为收缩、拉伸、热成型、充气、真空、现场发泡等包装机械。

（7）按被包装物形态，可分为固体（包括块状、颗粒状和粉状）和液体（包括高黏度、中黏度、低黏度）等包装机械。

（8）按传送方式，可分为单工位包装机、间歇运动多工位包装机、单头连续运动多工位包装机、多头连续运动多工位包装机等。

此外，还有干燥机、上蜡机、包装组合机、上塞机、旋盖机等多种机械类型。

2.包装机械的主要特点

（1）包装机械一般结构复杂，运动速度快，动作精度高。为满足性能要求，对零部件的刚度和表面质量等都有较高的要求。

（2）包装机械一般设计成自动包装机，形成连续自动进行的包装。

（3）包装机械应在标准卫生条件下工作，不能有任何污染物品的现象。用于食品和药品的包装机械要便于清洗，与食品和药品接触的部位要用不锈钢或经化学处理的无机材料制成。

（4）进行包装作业时所需要的力较小，所以其驱动电机的功率一般都比较小，实际工作中的包装机械以机械传动为主要形式。

（5）包装机械一般都采用无级变速装置，以便灵活调整包装速度、调节包装机的生产能力。

（6）包装机械是特殊类型的专业机械，种类繁多，生产数量有限。为便于制造与维修，减少设备投资，应具有通用性与多功能性。

（二）常用包装机械

1.计量充填机械

将物品按要求的数量装入包装容器中的操作称为计量充填。计量充填机械是指将待包装的物料按所需的精确量（质量、容量、数量）充填到包装容器内的机械。计量充填机械主要用于销售包装。在运输包装中也有应用，如专用车辆运输散装水泥、石油时，也需要计量充填机械。

计量充填机械一般由物料供送装置、计量装置、下料装置等组成。它可以作为一种单机单独使用，也可以与各种包装机械组成机组联合工作。计量充填机械是包装设备的重要组成部分，是高速度、高精度与高可靠性的统一，其性能的好坏直接影响到包装质量。

实际生产中，由于物品的性质、状态和要求的计量精确度和充填方式等因素的不同，出现了各式各样的计量充填机械。按计量充填的原理，通常将计量充填机械分为容积式充填机、称重式充填机、计数式充填机三种类型。

2.灌装机械

灌装机械主要用于在食品领域中对饮料、乳品、酒类、植物油和调味品的包装，还包括洗涤剂、矿物油和农药等化工类液体物品的包装。包装所用容器主要有桶、瓶、听等。按照灌装工艺可分为常压灌装机、真空灌装机、加压灌装机等。整装机械通常与封口机、贴标机等连接使用。灌装机的计量方法有定位法、定量法和定时法三种，它们均有相应的控制装置，如在进料上方安置与储槽相连的计量装置，借助装置内沿液体方向安装的孔板来测量。

3.封口机械

封口机械是指在包装容器内盛装物品后对容器进行封口的包装设备。不同的包装容器有不同的封口方式。例如，塑料袋多采用接触式加热加压封口或非接触式超声波熔焊封口；麻袋、布袋、编织袋多采用缝合的方式封口；瓶类容器多采用压盖或旋转封口；罐类容器多采用卷边式封口；箱类容器多采用钉封或胶带粘封。

4.裹包机械

裹包机械是用薄型挠性材料（如玻璃纸、塑料膜、拉伸膜、收缩膜等）包裹物品的包装设备，广泛应用于食品、药品、日用化工品及音像制品等领域。裹包机械种类繁多、功能各异，按裹包方式可分为折叠式裹包机、接缝式裹包机、覆盖式裹包机、贴体式裹包机、拉伸式裹包机、缠绕式裹包机等。

5.捆扎机械

捆扎机械是利用带状或绳状捆扎材料将一个或多个包件紧扎在一起的包装设备，属于外包装设备，目前我国生产的捆扎机基本上采用塑料带作为捆扎材料，利用热熔搭接的方法将紧贴包件表面的塑料带两端加压黏合，从而达到捆紧包件的目的。

6.装箱机与纸箱包装机

对于啤酒、饮料等商品，灌装之后必须进行运输包装，才能加入流通行列。这个装箱工作，可以选择装箱机，也可以选择纸箱包装机，两者殊途同归，均可达到目的。

7.真空包装机械

真空包装机械是一种能够自动抽出物品包装袋内的空气，达到预定真空度后再完成封口工序，实现物品真空包装的设备。其主要作用是除氧，也可再充入氮气或其他混合气体，提高物品的抗氧化能力，达到长期保存的目的。真空包装机械通常是以塑料或铝箔薄膜为包装材料，适合对液体、固体、粉状、糊状的食品、化学药品、药材、电子元件、精密仪器、稀有金属等进行真空包装。

真空包装机械一般由真空系统、抽充气密封系统、热压封合系统、电器控制系统等组成。根据其结构和功能的不同可分为外抽式真空包装机、内抽式真空包装机、连续式真空包装机、立柜式真空包装机、给袋式真空包装机、气调真空包装机等形式。随着技术的进步和市场需求的变化，真空包装机呈现多样化的特点，以满足不同行业、不同产品的包装需求。

第二节　集装化技术与集装器具

集装是实现货物单元化的技术，集装后的货物可以采用机械化、自动化、标准化的方法进行物流作业，不仅可以大大提高物流作业效率，还可以提高对货物的防护水平和快速供应保障能力。

一、集装化基础知识

1.物流标准化与物流模数

物流标准化是指货物包装尺寸和集装单元的尺寸要符合一定的标准。其基本思路是通过货物的集装化，提高货物与物流过程中的固定设施、移动设备、专用工具的配合性。包括集装单元与运输车辆的载重量、有效空间尺寸的配合；集装单元与包装环节的配合；集装单元与装卸设备的配合；集装单元与仓储设施的配合。

物流模数是为了物流系统化、合理化和标准化，而以数值关系表示的物流系统各种因素尺寸的标准，即物流设施与设备的尺寸标准。物流模数可分为物流基础模数、物流集装模数、物流建筑模数等。

（1）物流基础模数。

物流基础模数是指物流系统各标准尺寸的最小公约尺寸。在基础模数尺寸确定之后，各个具体的尺寸标准，都要以基础模数尺寸为依据，选取其整数倍数为规定的尺寸标准，如集装箱、库房、车辆的尺寸，这样可以提高物流系统的配合性。目前国际标准化组织制定的物流基础模数尺寸为600mm×400mm。

（2）物流集装模数。

物流集装模数是以物流基础模数为基础，按其倍数系列推导出来的各种集装设备的标准尺寸，以此尺寸作为设计集装设备尺寸的依据。在物流系统中，集装单元是起贯穿作用的，集装设备尺寸必须与各个环节的物流固定设备、移动设备、专用机具相配合。因此，物流集装模数尺寸影响并决定着与其配合的相关环节的标准化。目前物流集装模式尺寸以1200mm×1000mm为主，也允许使用1200mm×800mm和1100mm×1100mm。

（3）物流建筑模数。

物流建筑模数是指物流系统中各种建筑场所所使用的基础模数尺寸，是以物流基础模数为依据确定的。该尺寸是设计物流建筑物长、宽、高尺寸，门窗尺寸，建筑物立柱间距、跨度及进深等尺寸的依据。

2.集装与集装化

集装是在日常生活和生产过程中，为了便于处理零散物品而采用筐、篮、箱、袋、包等集装器具对物品进行组合的一种方法。

在物流系统中，要处理的对象绝大部分都是小件杂散货物，小件杂散货物由于形状各异、大小不一，很难进行单件处理，所以一般需要进行一定程度的组合才能便于后续的销售和流通，集装就是为类似货物提供了一种组合状态。由此可见，集装的作用就是将许多单件物品，通过一定的技术措施组合成尺寸规格相同、重量相近的大型标准化的组合体。

为了借助机械化、自动化的手段提高物流系统的作业效率，首先要把货物归总成整齐归一的作业单元。集装单元就是采用各种不同的方法和器具，把具有包装或无包装的物品，汇集成一个扩大了的、便于装卸和储运、在整个物流活动中保持一个规则形状的作业单元。

集装化就是以集装单元为基础，组织的装卸、搬运、储存和运输等物流活动，并对此进行全面管理的物流方式。被集装化的货物称为单元货物，用于集装货物的工具称为集装单元器具，它必须具备两个条件：一是能使货物集装成一个完整、统一的重量或体积单元；二是具有便于机械装卸搬运的结构，如托盘有插孔、集装箱有角件吊孔等，这是它与普通货箱及容器的主要区别。

3.集装化的作用

（1）采用集装化技术能够解决物资规格尺寸多、集装配套适应性差等问题，便于实现装卸、运输、储存作业的机械化和自动化，降低劳动强度，提高整个系统的作业效率。同时加速了货物周转，缩短了货物送达时间，提高了运输工具载重和容积利用率。

（2）采用集装化技术能够简化物品包装，节省包装费用，降低成本。集装箱和托盘可以反复周转使用，大多数物品改用集装单元后，原来的外包装可以降低用料标准。

（3）采用集装化技术能够提高物资包装防护水平，减少重复搬运次数，从而减少物流过程中的货损、货差，保证物流质量。

（4）采用集装化技术有利于组织联运，实现物流作业的统一化，提高物流管理水平。

二、集装化技术

1.集装化技术概念

集装化技术是指实施集装化作业系统所涉及的各种技术，其中有硬技术和软技术。硬技术包括集装器具的制作、材料、检测和维修等方面的技术，以及与物流设备（如运输工具、装卸机械以及货架等）有关的技术。软技术包括与实施集装化有关的作业方法、作业流程、管理程序和系统的规划及设计等。

2.集装化技术应用原则

集装化技术是物流系统中适合机械化大生产，便于采用自动化管理的一种现代化科学技术。在推广应用集装化技术过程中，必须注意单元化技术与设备的系统化、通用化、标准化。

（1）系统化。集装化技术贯穿物流系统的各个环节，它把物资的包装、储存、搬运、装卸、运输等环节作为一个整体，它是一个物流系统。

（2）通用化。集装化技术要与物流全过程的设备及其工艺相适应，不同形式的集装技术之间、同一种集装技术而不同规格的集装器具之间要协调，以便在物流全过程中畅通无阻。

（3）标准化。集装化技术标准化是物流系统中各相关设备制定标准规格的依据，也是物流合理化的核心问题之一。国际上有国际标准化组织的标准（ISO），我国有国家标准（GB），各个企业也有企业自己的标准。

3.集装器具分类

在物流系统中，常用的集装器具有托盘、集装箱、集装袋、集装网、集装架等。

（1）托盘。

以平托盘为主体，逐渐由平托盘发展出柱式托盘、箱式托盘、笼式托盘、轮式托盘和专用托盘。

（2）集装箱。

由大型容器发展成为集装箱，集装箱配置半挂车演变成大型台车。是集装单元发展的最高阶段，集装箱和托盘是集装化的两大支柱。

（3）集装袋。

是一种袋式集装容器，它的主要特点是柔软、可折叠、自重轻、密闭隔绝性强。集装袋是用表面涂覆橡胶或塑料的各种高强度纺织材料制成。可以对粉粒体、液体等进行包装。

（4）集装网。

也称为集装网袋，是用网状高强度纤维材料制成的集装袋。集装网比集装袋更轻，无效作业量少，价格较低，但对货物保护能力较差，应用范围局限。

（5）集装架。

是一种框架式集装器具，由钢材、木材或者其他材料制成，强度较高，特别适合结构复杂、批量大的重型物品包装。

三、常用集装器具

（一）托盘

托盘是一种用于集装、堆放、搬运和运输，放置作为单元负荷的货物和制品的水平平台装置。这种台面有供叉车从下部叉入并将台板托起的叉入口。以这种结构为基本结构的平台和在这种基本结构基础上所形成的各种形式的集装器具，都可统称为托盘。

托盘是在物流领域中适应装卸机械化而发展起来的一种重要的集装器具，常与叉车配套使用，使装卸机械化水平大幅度提高，托盘的出现有效地促进了全物流过程水平的提高。

托盘最初是在装卸领域出现并发展的，在应用过程中又进一步发展为储存设备，作为一个运输单位使托盘成为物流系统化的重要装备机具，对物流系统的建立和现代物流的形成起了不小的作用。托盘的出现也促进了集装箱和其他集装方式的形成和发展。

1.托盘的种类及特点

托盘的装载面可集合一定数量的货物，便于货物的装卸、运输和仓储。由于货物的品种繁多、性质不一，规格尺寸多样、形态各异，与之相对应的托盘种类也就多种多样。按托盘的材料不同，可分为木托盘、钢托盘、塑料托盘、复合材料托盘、纸托盘；按结构不同，可分为平托盘、柱式托盘、箱式托盘和轮式托盘等。

（1）平托盘。

平托盘的基本结构如图5-9所示。

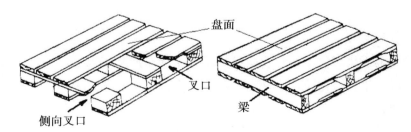

图5-9　平托盘基本结构示意

平托盘由双搁板或单搁板另加底脚支撑构成，无上层装置，其承载面为平面，平托盘使用范围最广、使用量最大、通用性最好，一般泛称的托盘主要是指平托盘。平托盘可按照以下三种不同的分类方式进行划分。

①按托盘台面分类。按承托货物台面分为单面型、单面使用型、双面使用型、翼型四种。

②按叉车插入方式分类。分为单向叉入型、双向叉入型、四向叉入型三种。单向叉入型只能从一个方向进叉，因此在叉车操作时较为困难，四向叉入型可以从四个方向进叉，所以叉车操作很灵活。

③按制造材料分类，可分为木制平托盘、钢制平托盘、塑料制平托盘、复合材料制平托盘、纸质托盘。木制平托盘材料来源丰富、造价低、制造方便、重量轻、便于维修，因此使用最为广泛；钢制平托盘自重大，人力搬运较为困难，但是强度高，不易损坏和变形，维修工作量较小，制成翼型可吊装；塑料制平托盘自重轻，标准化程度高，耐腐蚀性好，无静电火花，承载能力不如钢制、木制托盘；复合材料制平托盘主要以塑木托盘为代表，具有强度高、不吸潮、耐腐蚀、低成本、可回收等优点；纸质托盘质量轻、体积小、造价低，但承载量小、防潮性差、不可循环利用。

平托盘主要类型如图5-10所示。

图5-10 平托盘类型

（2）柱式托盘。

柱式托盘的基本结构是托盘的四个角有固定式或可拆卸的柱子，柱子上端可用横梁连接，形成框架型，如图5-11所示。

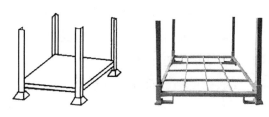

图5-11　柱式托盘示意

柱式托盘的主要作用，一是利用立柱支撑承重，可将货物往高叠放；二是可防止托盘上所放置的货物在运输、装卸过程中发生塌垛。

（3）箱式托盘。

箱式托盘是在平托盘基础上发展起来的，其基本结构是四面有板式、栅式、网式的侧板组成的箱体，有的箱体上有顶板，有的没有顶板，如图5-12所示。四周栏板为栅栏式的箱式托盘也称笼式托盘。箱式托盘防护能力强，可防止塌垛和货损；可装载异型不能稳定堆码的货物，应用范围较广。

图5-12　箱式托盘示意

（4）轮式托盘。

轮式托盘是在柱式、箱式托盘下部装有小型轮子。轮式托盘有很强的搬运性，大多用于一般杂货的运送，并可利用轮子作短距离移动，在生产企业物流系统中，可兼做作业车辆，如图5-13所示。

图5-13　轮式托盘示意

（5）特种专用托盘。

①平板玻璃集装托盘。这种托盘能支撑和固定平板玻璃，在运输途中，平板玻璃顺向放置以保持托盘货载的稳定性。

②轮胎专用托盘。轮胎的特点是耐水、耐蚀，在物流过程中无须封闭，但在储运时怕挤压，因此利用专用托盘，可多层码放，避免挤压。

③油桶专用托盘。专门装运油桶的异型托盘，它的双面均有波形沟槽或侧板，以稳定油桶，防止滚落。通常可多层堆码，提高仓储和运输能力。

（6）滑板托盘。

滑板托盘是指在一个或多个边上设有翼板的平板。用于搬运、储存或运输单元载荷形式的货物或产品的底板。

2.托盘的主要技术性能指标

托盘的主要技术性能指标包括几何尺寸和承载能力。

（1）联运通用平托盘主要尺寸。

GB/T 2934—2007《联运通用平托盘　主要尺寸及公差》规定托盘平面尺寸为1200mm×1000mm 和1100mm×1100mm，推荐使用的是1200mm×1000mm 规格的托盘。ISO 6780 将6种托盘的规格并列成为全球通用的国际标准，包括1200mm×1000mm、1200mm×800mm、1219mm×1016mm、1140mm×1140mm、1100mm×1100mm、1067mm×1067mm。

（2）托盘叉孔的竖向尺寸。

①托盘搬运车用托盘。顶铺板之下托盘搬运车货叉插入的叉孔高度应不小于表5-6中的数值，从叉孔顶面到托盘底面的距离应不大于156mm。

表5-6　　　　　　　　托盘搬运车用托盘叉孔高度（mm）

托盘	叉孔高度的最小值
高托盘	100
一般托盘	95
低托盘	89

②叉车用托盘。叉车货叉插入的叉孔的竖向尺寸应不小于60mm。

③其他类型的搬运、提升装置用托盘。其他类型的搬运、提升装置用托盘的竖向尺寸按表5-6确定，其中，自动控制搬运、提升装置用托盘最小的竖向尺寸为100mm。

（3）托盘叉孔的水平尺寸。

①双向进叉托盘和四向进叉托盘。双向进叉托盘的端面叉孔以及四向进叉托盘的端面和侧面叉孔的水平尺寸如表5-7所示，结构尺寸如图5-14所示。

表5-7　　　　双向进叉、四向进叉托盘端面和侧面叉孔的水平尺寸（mm）

托盘公称尺寸（L 或 W）	叉孔	
	L_1 或 W_1 的最大值	L_2 或 W_2 的最小值
≥ 1000	160	710

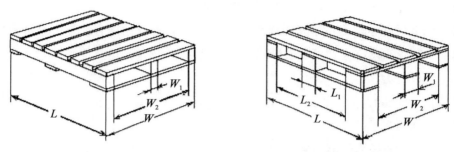

图5-14　双向进叉、四向进叉托盘端面和侧面叉孔的结构尺寸示意

②局部四向进叉托盘。局部四向进叉托盘侧面叉孔及开口水平尺寸如表5-8和图5-15所示。

表5-8　　　　局部四向进叉托盘侧面叉孔及开口的水平尺寸（mm）

托盘长度（L）	叉孔或开口					
	L_5		L_4		L_3	
	最小值	最大值	最小值	最大值	最小值	最大值
1000	90	155	200	255	180	420
1100	90	155	200	255	280	520
1200	90	155	200	255	380	620

注：叉车用局部四向进叉托盘的尺寸 L_3 可以达到200mm。

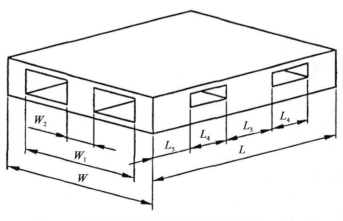

图5-15　局部四向进叉托盘侧面叉孔的结构尺寸示意

（4）托盘的额定载荷。

是指在平均且均匀分布载荷的情况下，指定的以千克为单位的托盘的装载能力。一般托盘的额定载荷均为1000kg，实际应用中，可以根据需求自主选定承载能力。

3.托盘的应用

（1）托盘的使用管理方式。

托盘的使用管理方式有两种，一种是托盘联运，另一种是托盘专用。

①托盘联运。托盘联运是托盘的重要应用方法。托盘联运是将托盘货体，从发货人开始，通过装卸、运输、转运、保管、配送等物流环节，原封不动地送达收货人的"门到门"运输方法。由于采用了托盘，在物流过程中的各个环节，可以托盘货体整体作为处理对象，而不需逐个处理每件货物，这样就可以大大减少人力装卸的次数，节省费用，减少货损，提高物流效率。联运托盘通常使用标准的平托盘。

②托盘专用。在各个产业小流通领域都有追求物流合理化问题，因此托盘专用也是托盘应用中不可忽视的领域。按照某一领域范围内物品储运的要求，设计使用的托盘称为专用托盘，专用托盘可以是非标托盘。在工厂物流系统中，为配合流水线作业，专用托盘使用领域也很广泛，如汽车工厂的零部件专用托盘。但是，专用托盘的流通有时要配以专用机具、设施，限制了它的发展。

（2）托盘货物的堆码方式。

托盘货物的堆码方式主要有四种基本类型。

①重叠式。托盘上各层货物以相同的方式码放，上下完全相对应，各层之间不会出现交错的现象，如图5-16（a）所示。

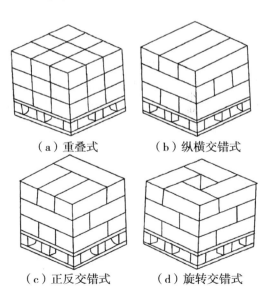

（a）重叠式　　（b）纵横交错式

（c）正反交错式　　（d）旋转交错式

图5-16　托盘货物的堆码方式

这种码垛方式的优点是：作业方式简单，作业速度快，而且包装物的四个角与各边垂直并重叠，承载能力强，能承受较大的荷重，同时在货体底面积较大的情况下，可保证足够的稳定性。这种方式的缺点是：各层面之间只是简单的排列，缺少咬合，在货体底面积不大的情况下，稳定性不够强，容易发生塌垛。

②纵横交错式。纵横交错式如图5-16（b）所示，相邻两层货物的摆放旋转90°，一层呈横向放置，另一层呈纵向放置，各层之间有一定咬合效果，但咬合强度不高。这种方式装盘也较简单，如果配以托盘转向器，转完一层之后可利用转向器旋转90°，工人只用同一种装盘方式便可实现纵横交错装盘，劳动强度与重叠式相同。重叠式和纵横交错式适合自动装盘机进行装盘操作。

③正反交错式。在同一层中，不同列的货物都以90°垂直码放，相邻两层货物码放是旋转180°的交错形式，如图5-16（c）所示。使用这种方式，各层之间咬合强度较高，相邻层之间不重叠，因而码放后稳定性很高，但操作较为麻烦，而且包装体之间不是垂直面相互承受载荷，所以下部货体容易被压坏。

④旋转交错式。旋转交错式如图5-16（d）所示。第一层相邻的两个包装互为90°，两层间的码放相差180°，这样相邻两层之间互相咬合交叉，托盘货体稳定性较高，不易塌垛。其缺点是：码放难度大，且中间形成空穴，会降低托盘的装载能力。

（二）集装箱

1.集装箱的概念

集装箱是周转用的具有一定规格和强度的大型货箱。集装箱可以根据货物特性和运输需要用钢、铝、塑料等各种材料制成。适合于铁路、水路、公路、航空等多种运输方式的现代化装卸和运输。集装箱从装载上物品，经过运输仓储，一直到商品使用或出售，物品才出箱，因此，它也是一种集装器具。

集装箱作为一种集装运输器具，具有以下一些特点。

（1）具有足够的强度，可长期反复使用。

（2）具有1立方米以上的容积。

（3）适用于一种或多种运输方式运送，途中转运时，箱内货物不需换装。

（4）具有快速搬运和装卸的装置。

（5）便于货物装满或卸完。

为便于集装箱在国际上的流通，1964年国际标准化组织ISO在汉堡会议上公布了两种集装箱的标准规格系列：第一系列（1A~1F）和第二系列（2A~2C）共九种规格。1970年在莫斯科会议上增加了第三系列（3A~3C）集装箱。第一系列又增加了1AA、1BB和1CC三种型号集装箱。表5-9为国际集装箱系列尺寸和重量等级的数值。

表5-9　　　　　　　　　　　国际集装箱系列尺寸和重量等级表

系列	箱型	高（mm）	宽（mm）	长（mm）	最大总质量（kg）
Ⅰ	1A	2438	2438	12191	30400
	1AA	2591	2438	12191	30480
	1B	2438	2438	9125	25400
	1BB	2591	2438	9125	25400
	1C	2438	2438	6058	20320
	1CC	2591	2438	6058	20320
	1D	2438	2438	2991	10160
	1E	2438	2438	1968	7110
	1F	2438	2438	1450	5080
Ⅱ	2A	2100	2300	2920	7110
	2B	2100	2100	2400	9110
	2C	2100	2300	1450	7110
Ⅲ	3A	2400	2100	2650	5080
	3B	2400	2100	1325	5089
	3C	2400	2100	1325	2540

2.集装箱的种类

（1）按用途和货物的特点分类。

1）普通货物集装箱（包括通用集装箱和专用集装箱）。

普通货物集装箱的结构有内柱式、外柱式、折叠式和薄壳式等。

内柱式集装箱，如图5-17（a）所示。它的侧柱或端柱位于侧壁或端壁之内，优点是外表平滑，外板和内衬板之间留有空隙，防热效果好，能减少货物的湿损率，加工方便，在修理和更换外板时，箱内衬不需要取下。

外柱式集装箱，如图5-17（b）所示。它的侧柱或端柱是在侧壁或端壁之外，结构稳定性高，可以充分利用集装箱内部空间，货运效率高，而且，柱子在外侧可减少集装箱内部部件的磨损，延长使用寿命。

折叠式集装箱，如图5-17（c）所示。它的主要部件（指侧壁、端壁和箱顶）能简单折叠或分解。再次使用时，可以方便地组合起来。优点是在回收和保管时能缩小箱的体积，提高运输的经济效果。但由于各主要部件使用铰链连接，其强度受影响。

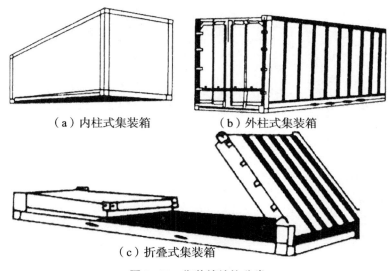

（a）内柱式集装箱　　　　　（b）外柱式集装箱

（c）折叠式集装箱

图5-17　集装箱结构分类

薄壳式集装箱与一般集装箱结构（由骨架承受荷重、箱的外板与骨架是铆接或焊接在一起的）不同，所有的部件组成一个刚体，近似飞机结构。优点是重量轻、它的整体可以承受所发生的扭力而不会引起永久变形，但工艺要求高。

普通货物集装箱以装运杂件货物为主，包括五金、机电产品、零部件等。其中通用集装箱要求结构尺寸符合国际或国内尺寸标准，便于流通和周转；而专用集装箱主要是作为专门用途或单一品种规格的普通货物流通之用，对结构尺寸标准要求不严格。

2）特种货物集装箱

特种货物集装箱主要有以下几种。

①干货集装箱。干货集装箱一般为通用集装箱。以装运文化用品、日用百货、医药、纺织品、工艺品、化工制品、电子机械、仪器、机械零件等杂货为主。其使用数量约占全部集装箱的70%~80%。干货集装箱的外部尺寸一般都按国际标准制造，而内部尺寸和其他技术参数根据所采用的材料和结构略有差异。为防止货物在箱内摇动，在箱内设有使货物稳定的附属设备。

②通风集装箱。通风集装箱用于装载需要通风和防止潮湿的货物，如蔬菜、水果和食品等。一般在集装箱的侧壁或端壁设有4~6个通风窗口，从而保证新鲜货物在运输途中不腐烂损坏。

③冷藏集装箱。冷藏集装箱用于运输那些需要低温保存的新鲜水果、肉、水产品等食品。目前国际上采用的冷藏箱有内藏式和外置式两种。内藏式集装箱的箱内装备有冷冻机。外置式集装箱的箱内没有冷冻机，而只有隔热结构，在箱的前壁设有冷气

吸入口和排气口，由专门的冷藏装置供给冷气。一般运输时间较长时，采用外置式较为合理，运输期较短时，采用内藏式较好。

④保温集装箱。保温集装箱适于装载对温度变化十分敏感的货物，如精密仪器、油漆、石蜡等。也适用于装载在运输途中不允许温度上升而需要通风的货物，如水果罐头、糖果、葱头等蔬菜类食品。其特点是能隔绝外部温度变化，在一般情况下，箱内温度保持不变。

⑤开顶集装箱。用于装运较重、较大不易在箱门掏装的货物。用吊车从顶部吊装货物。其上部、侧壁及端壁为可开启式。

⑥板架集装箱。板架集装箱用于装载不适合用干货集装箱或开顶集装箱装运的长大件、超重件，如重型机械、钢材、钢管、裸装机床和设备等。它没有箱顶和侧壁，箱端壁也可以卸掉，只靠箱底和四角柱来承受载荷，故又叫平台或平板集装箱。

⑦罐式集装箱。罐式集装箱是装运液体物料的，如各种酒类、油类、液体食品、化学药品等。主要由液罐和框架两部分组成。液罐是载货主体，有椭圆形和近似球形等形状，框架由钢材制成。液罐顶上一般设有圆形的装载口，用于装载，罐底设有卸载阀，采用便于拆卸和清扫的结构。

⑧其他专用集装箱。除上述集装箱外，还有装运其他有特殊要求货物的集装箱。如装运毒品、危险品、散货等的集装箱。

（2）按集装箱的制造材料分类。

按集装箱的制造材料来分类，可分为木制、铝木合制、钢制、铝合金制、玻璃钢制集装箱。

木制集装箱多为早期集装箱，由于强度低、水密性差、耗用材料多，目前已很少使用。铝木合制集装箱的强度较全木制的大，但耐久性与水密性仍不够理想。钢制集装箱的优点是结构强度大、水密性好、价格低廉、应用广，缺点是重量大、防腐蚀性差。铝合金制集装箱的优点是重量轻，约为钢的 $1/3$，铝金属在大气中自然形成的氧化薄膜能防止腐蚀，但遇海水有电蚀作用，如采用纯铝包层超硬铝板或在箱外涂一层特殊的透明料，就能对海水起很好的防蚀作用。防海水腐蚀最好采用铝镁合金，使用年限较长。玻璃钢制集装箱的强度大、刚性好，由于箱板具有一定厚度能承受部分应力，故箱壁上不需要再加防扰材，从而可增加集装箱约 $7\%\sim10\%$ 的内容积。玻璃钢的隔热性、防腐性、耐化学性等性能较好，又能防止箱内的结露现象，故对保护箱内货物免受湿损也是有好处的，主要缺点是重量与一般钢制的差不多。

3.集装箱的应用

（1）集装箱的规格和货物的包装要实现通用化、标准化、系列化，便于国内外物资的流通和周转；又充分利用集装箱的载重量和载货容积，方便箱内货物的装卸，保证货运的重量。

（2）集装箱要便于货物的装满和卸空。

（3）集装箱要装有快速装卸和搬运的装置，从而缩短装卸和搬运的时间。

（4）集装箱要具有耐久性和坚固性，能反复使用。

（5）在集装箱运输中，集装箱的货物从一种运输方式向另一种运输方式转变时，应做到无需换装。为实现海陆联运，要具有一定的内陆运输条件。海运的集装箱往往是大型的，所以公路运输和铁路运输应能接受大型集装箱进行联运，并能迅速而简便的换装，以提高换装效率，加速车船周转。

（6）集装箱运输要求货流量大，货流稳定、集中，货种适合于装载集装箱。

（7）集装箱及其配套的搬运设备应有一个完整的制造与维修系统，以保证所有设备处于良好的运行状态，延长设备的寿命，充分发挥集装箱运输的优越性。

（8）集装箱运输，要建立健全的组织管理机构和严密的管理制度，确保集装箱运输的顺利进行。

（三）航空集装器

1.航空集装器的概念

航空集装器是指为提高飞机运输效率，在飞机上使用的，用来装载货物、邮件和行李的专用设备，包括集装箱和集装板及其附属设施。为提高飞机装载量，航空集装器一般采用铝合金等自重比较轻的材料制作。集装器装上飞机后，可以通过飞机货舱地板上的卡锁将其固定在飞机货舱地板上。

航空集装器按注册与否可分为注册集装器和非注册集装器两类；根据用途可分为民用航空集装器、军用航空集装器两类；根据结构可分为航空集装箱、航空集装板、航空集装棚三类。

2.航空集装器识别代码

所有航空集装器都有识别代码，根据IATA（国际航空运输协会）规定，航空集装器识别代码由三部分组成：第一部分表示集装器型号，一般由3个大写英文字母组成，分别表示集装器种类、底板尺寸、外形轮廓及适用机型；第二部分表示集装器编号，由5位阿拉伯数字组成；第三部分为该集装器所属承运人（通常为航空公司）的两字代码，由2个大写英文字母组成。表5-10列出了集装器种类代码，也就是集装器识别代码的第一位，表5-11列出了集装器底板尺寸代码，也就是集装器识别代码的第二位。

表5-10   集装器种类代码

代码	含义	代码	含义
A	注册的集装箱	K	牛栏
B	注册的主货舱集装箱	M	非注册的保温集装箱
D	非注册的集装箱	N	注册的集装板网套
E	非注册的主货舱集装箱	P	注册的集装板
F	非注册的集装板	R	注册的保温集装箱
G	非注册的集装板网套	U	非结构集装棚
H	马厩	V	汽车运输设备
J	非结构保温集装棚	X/Y/Z	仅供航空公司留用

表5-11   集装器底板尺寸代码

代码	底板尺寸（cm）	代码	底板尺寸（cm）	代码	底板尺寸（cm）
A	224×318	G	244×606	M	244×318
B	224×274	H	244×913	N	156×244
E	224×135	K	153×156	P	120×153
F	244×299	L	153×318	Q	153×244

3.典型航空集装器及特点

（1）航空集装箱。

航空集装箱包括主货舱集装箱、下货舱集装箱、空陆联运集装箱，常用的型号主要有 AKE、ALF、RKN、AMA等。主货舱集装箱只能装于全货机或客货机的主货舱，高度一般为163cm以上。下货舱集装箱只能装于宽体飞机的下货舱。空陆联运集装箱分为20英尺型和40英尺型，高和宽为8英尺，只能装于全货机或客货机的主货舱，主要用于陆空、海空联运。部分常用航空集装箱参数如表5-12所示。

表5-12   部分常用航空集装箱参数

集装箱代码	底板尺寸（cm²）	高度（cm）	自重（kg）	最大毛重（kg）	最大容积（m³）	与飞机适配性
AKE（LD3）	153×156	163	80	1588	4.3	宽体机下舱
ALF（LD6）	153×318	163	159	3175	8.9	宽体机下舱
RKN	153×156	163	257	1588	3.0	宽体机下舱
AMA	244×318	244	379	6804	17.5	波音747系列货机主舱

（2）航空集装板。

航空集装板是具有标准尺寸，四边带有卡锁轨或网带卡锁眼，中间夹层通常为硬铝合金制成的平板，货物可以方便地在其上码放，如图5-18所示。此外，网套是集装板的重要组成部分，与卡锁装置共同固定集装板上的货物。

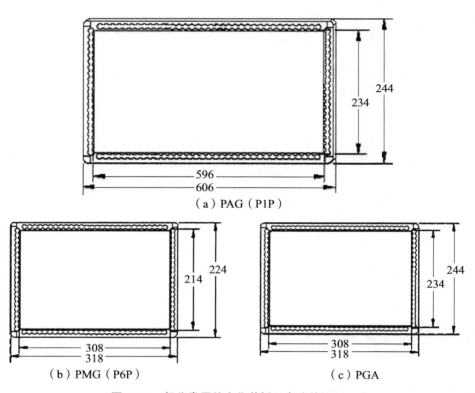

图5-18　部分常用航空集装板示意（单位：cm）

根据货机机型、货舱大小、承重等设计有多种类型的航空集装板，每一类型的航空集装板都有专门的IATA ULD CODE（IATA航空集装器代码）作为其型号标识。常用的集装板型号主要有PAG、PMC、PGA，部分常用航空集装板参数如表5-13所示。

表5-13　　　　　　　　　　部分常用航空集装板参数

板型	外形尺寸（cm²）	装载尺寸（cm²）	自重（kg）	最大毛重（kg）	适用机型
PAG（P1P）	224×318	214×308	125	6033	所有宽体飞机主货舱、下货舱
PMA	244×498	234×488	400	11340	波音747F/COMBI主货舱
PMC（P6P）	244×318	234×308	135	6804	所有宽体飞机主货舱、下货舱
PGA	244×606	234×596	480	13608	波音747F/COMBI主货舱

注：最大毛重是指集装板自重与其所能装载的货物最大量之和。

（3）航空集装棚。

航空集装棚分为结构式和非结构式两种。结构式集装棚的外壳与集装板固定成一体，不需要网套固定货物。非结构式集装棚的前端敞开，无底，套在集装板及网套之间。

第三节　典型物流包装与集装装备数智化应用

物流包装与集装装备数智化应用是指通过信息化、智能化技术的应用，实现物流包装与集装器具的数字化和智能化，提高对物流对象的智能管控能力。本节重点介绍智能包装在食品领域的应用和集装器具的信息化标识及应用两个数智化应用典型案例。

一、智能包装在食品领域的应用

智能包装应用在食品领域，不仅可以增强食品包装防护性能，还可以在此基础上实现对食品包装环境的监测和记录，降低食品腐败变质的可能性，增强供应链中各环节对质量、安全的把控。

1.食品智能包装的类型

从功能和作用来看，食品智能包装主要分为控制型和信息型两种。

（1）控制型智能包装。

控制型智能包装是针对不同产品特性和需求，在包装材料中加入特殊物质，从而增强特定的性能指标，提升产品包装防护水平。当前主要采用的是具备一定感知能力的特殊材料，它能够对包装内外环境的温度、湿度、气体类型和浓度、光照强度、密封性等情况进行即时感知，运用化学、物理等手段改善包装组成和结构，以此提升产品包装的安全性和防护效果。例如湿度控制包装，一种方式是采用聚丙烯酸钠等高吸水性聚合物来吸收包装内的液态水，另一种方式是采用丙二醇复合在聚乙烯醇当中的薄膜湿度调节剂吸收水汽，从而确保包装内湿度合适，使食品的保鲜时间更久。又如气体吸收/释放包装，可以通过调整包装中氧气、二氧化碳浓度的方式，延长食品保存时间。其中氧气吸收型包装材料中，目前最先进的技术是多层聚合物膜在紫外线作用下可控地清除氧气，可将包装内氧气的体积分数由1%降至0.0001%；二氧化碳释放型主要是以含有碳酸氢钠等物质的多孔小袋吸收水汽并释放二氧化碳；此外还有兼具同时吸收氧气、释放二氧化碳双重功能的包装材料，可以解决氧气被吸收后形成部分真空而导致柔性包装塌陷的问题。

（2）信息型智能包装。

信息型智能包装可以监测包装内温度、湿度、菌落、pH、密封性等数据，能监控产品所处位置、周围环境等信息，并将即时状态进行显示、储存、传输，从而确保产品全生命周期的可知、可视、可控。在常规包装表面加装电子标签即可实现上述功能，而不必对原有包装的结构或材质进行改变和改造。电子标签利用现代通信技术对信息参数进行加工处理，并通过适当方式传输给利益相关方。由此，厂家和供应商可以掌握食品储运条件的变化情况，销售者可以了解食品的进出库数据，消费者可以获得食品品质的相关信息，极大地提高食品相关信息的透明度，为利益相关方通过获取的数据做出科学合理的决策依据提供可靠保证。RFID是一种非接触式无线数据通信技术，通过无线电信号对产品进行有效监测，读写、传输所需数据，及时准确地反馈包装环境及包装物的变化，是当前应用较多、前景最好的信息型智能包装技术之一。

2.智能包装在军用食品包装的应用

现有的智能包装技术已经可以在一定程度上满足现代战争对军用食品包装的技战术指标要求，将智能包装应用到军用食品上，对包装质量的提升、供应链管理的优化以及储备管理效益的提高都大有裨益。

（1）提升军用食品包装的质量。

食品包装的首要作用是防止或者减缓食物受储存环境的影响发生变质。在军用食品上应用智能包装，不仅可以最大限度地保留食品的营养价值，有效提高军用食品的耐久度和可靠性，还可以防范人为侵害。

抗菌包装材料可以有效抑制细菌、真菌的生长繁殖，确保包装内环境处于无菌状态，防止食物腐败变质，从而延长食物寿命。例如，Fretek包装袋内附有可以持续挥发乙醇和乙酸气体的涂层，能使细菌蛋白质变性，干扰细菌代谢，抑制霉菌生长，目前已经应用于日本自卫队的野战餐食包装。又如，美军正在研发以壳聚糖为代表的具有抗菌活性的包装材料，通过材料特有的氨基正离子与细菌的细胞膜发生反应，抑制细菌吸收正常代谢所需的营养物质，从而阻碍细菌生长繁殖，延长食物的保鲜期。

此外，在食品包装中加装时间—温度指示器（TTI）以及显窃启（Tamper-Evident）模块，可以基于化学、生物、物理等技术构建军用食品质量监控机制。时间—温度指示器可以实时监测冷冻食品储运中所处环境的变化，即时显示食品质量随时间、温度变化而下降的程度，通过时间温度积累效应指示冷链食品的温度变化历程，从而确保冷链温度在规定范围之内，军人在收到食品后对其安全性一目了然。显窃启模块可以明确显示包装是否曾被非法接触或开启，能有效防范包装损毁导致的各种严重后果。除广泛商用的薄膜裹包、泡罩包装之外，目前已经研发出多种带有告警性质的显窃启包装材料，如可变色的塑料薄膜、易撕裂破损的光纤封条、可发生染色的特殊材料等。

美军还在此基础上探索将RFID技术集成在压敏标签、复合薄膜、收缩裹包当中，便于及时发现食品包装发生损坏，特别是防范人为侵害甚至生化袭击，从而保证军用食品在流通环节的安全。

（2）优化军用食品的供应链管理。

随着搭载了RFID的智能包装的逐步应用，军用食品的供应保障实现精准化、全程可视化成为可能，通过对军用食品的质量、状态及对物流信息的收集和反映，后勤保障供应链中的管理系统将得到极大改善，促进现代军事物流的建设发展。在军用食品单个包装以及单元化的托盘、包装箱上粘贴RFID标签，在供应中转的门闸处安装天线和数据收发器，再接入虚拟专网，即可实现供应链管理流程上最基本的优化，如图5-19所示。

电子标签　　　包装　　　虚拟专网　　　供应链管理优化

图5-19　军用食品供应链管理优化示意

这种成套的可追踪性包装可以智能监测军用食品在供应链中的变化情况。保障指控中心在电子标签内写入货物的相关数据以及"收货人"的相关保障信息，可以通过各个物流节点的RFID系统调取标签内的数据，掌握物资所处位置，了解补给物资的质量以及收发的数量，实时监控在途物资的即时动态情况。有了以智能包装为基础搭建起来的管理平台，保障指控中心基于大数据分析，可以深度挖掘数据价值，根据战场局势的实时变化及时合理地调整物资流向、优化物流路线，从而实现供应链的全程可控，在提升补给精度和效率的同时降低成本。

（3）提高军用食品储备的管理效益。

将智能包装应用于军用食品包装，可以减少军用储备食品轮换次数、改进清仓查库方式、提升工作效率、降低储备成本，有效提高综合保障效能。

一方面，智能包装对军用食品的品质和货架期有着巨大提升。智能包装既可以对食品的外部环境进行识别、判断和控制，又能对食品包装内环境的温度、湿度、压力以及密封状态等进行识别、判断和控制。它以纳米复合薄膜、聚合物涂层等高技术材料为基础，发挥湿度控制、充氮控氧、抗菌防霉等技术作用，有效地延长了食物的保质期，减少了因过期变质导致的被动轮换次数，大大降低了军用食品储备的成本。

另一方面，智能包装采用电子标签、自动识别等技术，对军用食品的质量、数量进行全程监控，准确掌握军用食品的生命周期。借助RFID标签采集军用食品在生产和流通过程中的信息，既能让保障指控中心实时掌握库存、流通、货架期等信息，还能在物流管理中预测部队需求、优化库存管理、整合资源，形成一个智能化管理体系。储备管理部门不必再采取深入仓库逐一点验的传统清仓查库方式，仅依托智能包装上收集的信息数据，就可以有针对性地对即将过期的军用食品进行处理，补充新鲜的物资。同时以信息数据为基础，建立"用旧存新"的动态储备机制，将"静态"的储备和"动态"的轮换有机结合，既可用于部队日常保障，也可配合部队演训任务有计划地进行轮换，做到常储常用、常用常新，保持充足的储备和良好的质量，确保食品保障迅即到位。

二、集装器具的信息化标识及应用

随着国际贸易快速发展，集装箱运输以其高效、安全、便捷等特点成为交通运输现代化、多式联运和大宗货物运输最理想的方式。现代集装箱信息化水平的高低已经成为制约集装箱运输的关键。主要体现为以下几点：①信息化程度不高，集装箱供应链的流通管理、跟踪监控等信息处于孤立状态，无法实时掌握集装箱物流过程中的位置和状态信息；②集装箱运输中信息采集基本靠人工抄录或半自动化来完成，效率低下，堆场、机械设备等资源浪费严重；③货物失窃损失大，偷渡和走私事件屡禁不止。

因此，集装箱管理迫切需要采用新技术以实现自动识别、实时跟踪监控。采用物联网技术，在集装箱管理全过程做到自动识别，使集装箱物流过程中信息流和物流融为一体，使集装箱管理过程的整条物流链上涉及的众多服务对象（物流公司、船运公司、港口、货代、船代、边检、商检以及最终客户等），都能通过集装箱信息共享平台实时获取集装箱在运输过程中的箱、货运输信息，从供应链管理角度对整个集装箱物流系统进行管理和监控，从而全面提升集装箱运输的服务水平。

1.集装箱物流全程实时在线监控

利用RFID技术，通过集装箱物联网实现集装箱的自动识别和信息的互联和共享，实时记录集装箱物流中各类信息，结合全球网络环境感知集装箱物流的全过程，从而提升为客户服务的能力。集装箱物流过程中所包含的集装箱及货物信息，包括集装箱及货物的跟踪、管理和调度信息。

在整个集装箱物流过程中这些信息被写入电子标签。所有信息就能通过无线局域网或GPRS/CDMA公网上传至互联网。此后，带有电子标签的集装箱经过码头闸口、堆场、堆高机、正面吊吊起、岸边桥吊装船时，固定读写器都会读取最新数据，并在第一时间上传到信息平台数据库，实时更新信息，直至集装箱抵达目的地港口，货物移交到货主手里。在这一过程中，都可以在网上查询集装箱的实时状态。

2.集装箱电子标签自动识别

采用射频识别技术，在任意装/拆箱点，基于互联网的读写设备能够与智能标签对话，实时地将信息自动上传至系统网站；能自动记录开箱、关箱的时间，自动记录地理位置信息（与GPS连接的读写设备），对未经授权的操作实时报警，并对不安全事件进行追溯性管理；在码头能够录入EDI（电子数据交换）信息数据包，自动记录和校验集装箱物流相关的所有信息；具备多方式读写电子标签，固定式读写设备和移动式读写设备。

3.海铁集装箱多式联运管理

利用电子标签、GPS、AIS（船舶自动识别系统）、读写器、传感器、无线网络等技术，构建箱、车、船等相关要素的唯一化身份认证体系，实现对箱、车、船等各类交通要素感知信息的实时传输，形成集装箱海铁联运的"电子镜像"。然后依托EDI、电子口岸等建立综合交通信息交换平台体系，实现各类信息能够无缝、实时、敏捷地在各个口岸单位之间的共享及流通，进而通过集装箱物联网，最终实现"一次托运、一份合同、一次支付、一次通关"，解决货物的"门到门"一体化运输。

4.集装箱定位追溯及报警联动

在整个物流过程中，具备防盗功能的智能集装箱设备可以支持对可能存在的盗窃情况及时报警：对于开门盗窃，感光传感器能够进行监控并及时报警；对于整箱盗窃，GPS能够根据线路偏差及时报警；如果集装箱被非法打开过，电子标签就会自动记录非法"侵袭"，并在网页上显示红色报警信号。这样就能很方便地确定方位，避免因无法确定责任带来的纠纷以及不必要的经济损失。

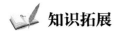 知识拓展

智能包装装备及应用

1.智能包装装备的概念

智能包装装备是在机械化、自动化包装装备的基础上，运用智能感知、智能互联、智能控制等技术手段，具备自动识别包装货品、智能数据采集分析、自主规划自身行为、智能控制设备运行等功能的包装装备。智能包装装备是信息技术与机械技术的深度融合，使得传统包装设备由机械化（半机械化）走向智慧化。

2.智能包装装备的特征

（1）自动化。

自动化是智能化的基础。自动化技术一般由控制系统、传动系统、运动系统、人机

界面、传感器及机器视觉等部分组成，各部分协同运行实现包装装备的自动化运作与智能控制，控制系统通过数字输入/输出控制生产过程，利用网络通信技术为整个生产线的无人化智能操作及检测提供无缝衔接；传动系统用于调整主工艺速度和控制电机速度的周期性变化；运动系统非常精确地实现位置控制和速度同步；人机界面是系统和用户之间进行交互和信息交换的媒介；传感器及机器视觉，可以智能感知光电、压力、形状、位置，常用于包装装备的装箱、灌装、封装、冷却、加温和粘贴包装标签等工作。

（2）集成化。

集成化是指将若干功能集中在一台设备上，或将具有不同功能的设备连接成一个有机整体。设备或生产线的成套完整性是连续作业、均衡生产以及加工性能和物品质量的重要保障，系统集成技术通过结构化的综合布线系统和计算机网络技术完成，它将各个分离的设备、功能和信息等集成为一个相互关联、统一且协调的系统之中，以实现集中、高效和方便的管理。集成系统是一个多厂商、多协议和面向各种应用的体系结构，可以解决系统之间的互联和互操作性问题。目前物联网广泛流行，包装机械的自动化、集成化必将更多引入物联网技术，如语音识别和无线射频识别技术等，这就要求不同的设备或物品之间使用的标准更趋于一致，方能建立起效率高且具有可扩充性的集成化系统。

（3）柔性化。

柔性化技术是为适应物品更新周期越来越短、大批量生产方式受到挑战的形势而产生的，柔性自动化生产线一般由自动加工系统、物流系统、信息系统和软件系统四部分组成，柔性和灵活性表现在数量的灵活性，既能包装单个物品，也能适应不同批量物品的包装；构造的灵活性，是指整台设备采用模块单元组成，换用一个或几个单元，即可适应物品品种、形状和大小的变化；供货的灵活性，是指选换不同的最终包装设备，就能满足用户对物品的包装需求。柔性化也反映在计算机仿真设计上，仿真设计最能满足客户个性化的订货需求，设计人员可在计算机三维模型上修改并对生产率、废品率、能耗等进行演示，直到用户完全满意为止。

3.典型智能包装装备

智能包装装备主要包括智慧包装机器人，以及由包装机器人、自动包装机械组成的智慧包装作业线。

（1）智慧包装机器人。

智慧包装机器人是应用于包装行业的工业机器人。典型的包装机器人包括装箱机器人、码垛机器人和贴标机器人。

（2）智慧包装作业线。

智慧包装作业线是将自动包装机、包装机器人和有关辅助设备用输送装置连接起来，再配以必要的自动检测、控制、调整补偿装置及自动供送料装置，成为具有独立控制能力的包装作业生产线。主要由控制系统、自动包装机和包装机器人、输送装置和辅助工艺装置等部分组成。

复习思考题

1.为什么要进行防震包装？常用的防震包装方法有哪几种？

2.防水包装和防潮包装有什么区别？各采用哪些包装方法？

3.金属制品应如何进行防锈包装？

4.常用的集装器具有哪几种？应如何选用？

5.如何实现物流作业的集装化？

6.智能包装的目的是什么？有哪些智能包装方法？

7.如何实现集装器具的信息化标识？

第六章　流通加工与分拣装备数智化应用

学习目标

1. 了解流通加工的内涵及常用的技术方法。
2. 熟悉物品分拣技术方法和常用分拣装备的技术特点。
3. 理解物流分拣装备数智化应用的原理，初步具备实现物流分拣装备数智化的能力。

情景导入

上海市郊一个名为"亚洲一号"的无人仓分拣车间里，300个"小红人"（分拣机器人）日夜不停地以3m/s的速度往来穿梭，分拣数十万个包裹。每天，这个无人仓能处理超过20万个订单，整体运营效率较传统仓储提升10倍。在货物入库、分拣、打包区域，机器会根据商品大小裁剪、切割泡沫包装袋或纸板包装箱，几秒钟后，商品即打包完成。贴上信息标签后，包裹被送往下一站。在无人分拣区域，被称为"小红人"的自动分拣运输机担纲主力。300个"小红人"在一片宽敞的空地内"背"着商品来回穿梭，运行速度达全球最快的3m/s。速度这么快，它们也不会相互碰撞，而是会及时靠墙避让同伴。如果没电了，它们还会自动移动到充电桩上"恢复体力"，充电10min就能持续工作4小时。据介绍，京东昆山无人分拣中心作业效率为9000件/小时，在同等场地规模和分拣货量的前提下，可以节省180人。

流通加工是促进货物流通、提高物流效率的一种特殊加工方法，分拣是流通加工的重要内容，也是实施物流配送的基础。本章主要介绍流通加工的概念及主要技术方法，建立分拣装备基本体系，结合典型案例分析分拣装备数智化应用的实现途径。

第一节　流通加工技术与装备

流通加工是指物品从生产地到使用地的过程中，根据需要施加包装、分割、计量、分拣、刷标识、拴标签、组装等简单作业的总称。是在物流环节对物品的加工，流通加工与生产加工在加工内容、目的都有所不同，对物流的顺畅运行起着重要作用。

一、流通加工技术

（一）生产资料的流通加工技术

1. 钢材剪板加工

钢材剪板加工是生产资料流通加工中最具代表性的一种。它是在固定地点设置剪板机进行下料加工，或设置各种切割设备将大规格钢板裁成小规格或切裁成毛坯的一种加工方式。除了对钢板剪裁，还可以对圆钢、型钢、线材进行集中下料、线材冷拉加工等。

其优点是：加工方式多样，加工后钢材的晶相组织较少发生变化，可以保证原来的交货状态，有利于进行高质量加工；加工精度高，减少加工损毁；有利于提高设备的使用效率，降低成本；便于用户简化生产环节，提高生产水平。

2. 木材流通加工

（1）磨制木屑压缩运输。在林木生产地就地将原木磨成木屑，然后采取压缩方法，使之成为容重较大、容易装运的形状，然后再运输到目的地的一种加工方式。木材是容重轻的物资，在运输时占有相当大的容积，往往使车船满装但不能满载，同时，装载、捆扎也比较困难，磨制木屑压缩运输可以很好地解决上述问题。

（2）集中开木下料。在流通加工点，将原木锯开，裁成各种规格板材、木方，甚至还可以进行打眼、开槽、刨平、凿孔等初级加工，再送到用户手中的一种加工方式。这种加工免去了用户各自锯木的低效率和对木材边角余料的浪费，最大限度地节约了木材。统计资料显示，原始的分散加工木材，木材的平均利用率不到50%，平均出材率不到40%，实行流通加工中心集中下料，可以使木材利用率提高到95%，出材率提高到72%左右，经济效益非常显著。

3. 配煤加工

在使用地设置加工点，将各种煤及其他一些发热物质，按不同配方进行掺配加工，生产出各种不同发热量的燃料的一种加工方式。用户烧煤不一定希望煤的燃烧值越高越好、煤越纯越好，而是根据需要希望有合适的燃烧值。所以可以在煤炭用户相对集中的地区设立配煤加工中心，将各种质量的煤及煤矸石等其他发热物质按不同配比混合，配成各种发热量的燃料。这样既满足了不同类型用户的需要，又避免了浪费，便于控制生产过程和生产质量。例如，目前很多燃料公司在进行动力配煤加工等。

4.水泥熟料磨制加工

成品水泥一般是粉状物，在物流的各个环节都容易污染环境，危害人类健康，也很容易吸湿变质丧失其使用价值。水泥的半成品熟料是颗粒状物体，不会造成粉尘飞扬，也不会吸湿变质失效，其化学成分和成品水泥相同。如果从水泥生产厂将水泥熟料这种半成品投入物流过程中，在水泥使用者所在地附近设立加工点，再将这种熟料研磨成粉状，成为成品水泥，这就避免了运输仓储过程中的环境污染、人身伤害及吸湿失效。

（二）消费资料的流通加工技术

1.冷冻加工

为解决鲜肉、鲜鱼或药品等在流通中保鲜及搬运装卸等问题，采取低温保鲜冷冻的加工方式。这种加工方式抑制了物品的生化反应过程及微生物的活动，同时又使物品中的水分冷冻固化，便于物品储运。

2.分拣加工

针对农副产品规格、质量离散较大的情况，为获得一定规格的产品而采取的人工和机械分拣的加工方式。如水果、蔬菜、谷物、棉毛原料等货物在生产过程中比较难于控制，混合装运既不利于装卸和运输，又降低了货物的价值。如果用人工或机械方式将不同规格、不同质量的产品分选，则可提高产品的价值，提高装运效率。

3.精制加工

在农、牧、渔、副业等产品的产地和销售地设置加工点，去除产品的无用部分，以及进行切分、洗净、分装等的加工方式。如菜叶、菜根、鱼骨鱼鳞、果皮果核等这些无用的废弃物会加重物流的负担，也会给销售者和消费者带来麻烦，精制加工则去除了这些产品的无用部分，同时进行切分、洗净、分装等加工，既方便了消费者，降低了物流成本，又可以对淘汰物进行综合利用，避免了资源浪费。

4.分装加工

为了便于销售，在销售地区按所要求的零售起点所进行的新的包装、大包装改小、散装改小包装、运输包装改销售包装等加工方式。如许多生鲜食品，为了保证高效运输，一般出厂包装都较大，或者采用集装运输方式直接运达销售地，在销售地再按要求的零售起点进行新的包装。

5.组装加工

采用半成品包装出厂，在消费地由流通部门所设置的流通加工点进行拆箱组装，随即再进行销售的加工方式。如自行车及机电设备储运问题一直困扰企业，如果进行防护包装，包装成本过大，并且运载困难、装载效率低、流通损失严重。为解决这些产品储运问题，降低储运费用，可采用半成品（部件）高容量包装出厂，在消费地再进行拆箱组装。这种流通加工方式近年来已在我国广泛采用。

二、常用的流通加工装备

（一）混凝土装备

一座现代化的混凝土工厂由大型机械化的砂石料堆放场、水泥筒仓、高度机械化自动化的搅拌楼（站）组成。商品混凝土工厂所需机械装备应包括原材料预处理装备、原材料供给装备、原材料计量装备、混合料搅拌装备、混凝土运输装备和施工工具以及各种试验装备。通常混凝土工厂的成套装备主要有"一站三车"。"站"即混凝土搅拌楼（站），由其完成对原材料的预处理、供给、计量及对混合料的搅拌等，一般由计算机控制与管理。"三车"指混凝土搅拌输送车，由其完成混凝土自搅拌楼（站）至施工区的水平输送；混凝土输送泵或泵车，由其完成混凝土自施工区至浇筑地点的水平和垂直输送；散装水泥输送车，由其完成将散装水泥自水泥厂送至搅拌楼（站）的水泥筒仓。另外，混凝土浇筑时，为消除混凝土内部的空隙和气泡，使混凝土密实和表面平整，常用混凝土振动器将混凝土振实。在进行隧道、巷道等地下构筑物施工时，常用混凝土喷射机将混凝土喷射于隧道面形成支护层。综上，混凝土装备泛指集中搅拌、分散运输、浇筑的各种混凝土流通加工机械。

（二）剪板机

剪板机在流通领域可用于板料或卷料的剪裁，其工作过程是板料在剪板机的上、下刀刃作用下，受剪产生分离变形。一般剪切时下剪刀固定不动，上剪刀向下运动。

常用的剪板机包括摆式剪板机、多用途剪板机、多条板料滚剪机、圆盘剪切机、振动剪切机等。

（三）木工锯机

木工锯机是用有齿锯片、锯条或带齿链条切割木材的机床。木工锯机除在木器加工中广泛应用以外，在流通领域也常作为流通中的原木和木材的加工装备。木工锯机按刀具的运动方式可分为刀具做往复运动的锯机，如狐尾锯、线锯和框锯机；刀具做连续直线运动的锯机，如带锯机和链锯；刀具做旋转运动的锯机，如各种圆锯机。

（四）玻璃切割装备

常用的玻璃切割装备有玻璃自动切割机、翻转式玻璃切割机、靠模切割机、水平式夹层玻璃自动切割机、水平式无齿锯切割机等。

第二节　分拣技术与装备

分拣是指将物品按一定目的进行分类、拣选的作业活动，如按品种、出入库先后顺序分门别类进行堆放，这是货物配送的前道工序，是物流配送中心最重要的作业活动之一。分拣通常包括分和拣两个不同的作业过程，分是指分类，是按照物品的种类、流向、客户类别等对物品进行分组，并集中码放到指定场所或容器的作业；拣是指拣选，即按订单或出库单的要求，从储存库房拣出物品，并码放到指定场所的作业。分拣可以通过人工作业方式完成，也可以利用自动化设备进行处理。

一、分拣作业与方法

（一）分拣作业基本环节

从实际运作过程来看，分拣作业是在拣货信息的引导下，通过行走和搬运拣取货物，再按一定的方式将货物分类、集中的活动。因此分拣作业的主要过程应包括四个环节，如图6-1所示。

图6-1　分拣作业的基本环节

（二）分拣作业的功能

分拣作业通常在配送中心完成，是配送中心的核心工作。从物流实践来看，大体积、大批量的货物需求多采用直达、直送的供应方式，因此，配送的主要对象是中、小件货物，即配送多为多品种、小体积、小批量的物流作业，这样使得分拣作业工作量占配送中心作业量的比重非常大，而且分拣作业工艺复杂，特别是对于用户多、物品品种多、需求批量小、需求频率高、送货时间要求高的配送服务，分拣作业的速度和质量不仅对配送中心的作业效率起决定作用，而且直接影响整个配送中心的信誉和服务水平。所以说，迅速并准确地将用户所要求的物品集合起来，并且通过分类配装及时送交用户，是分拣作业最终的目的及功能。

（三）分拣作业方法

按照分拣的手段不同，可分为人工分拣、机械分拣和自动分拣三大类。

1.人工分拣

人工分拣基本上是靠人力搬运，或利用最简单的器具和手推车等把所需的货物分门别类地送到指定的地点。这种分拣方式劳动强度大，分拣效率低。

2.机械分拣

机械分拣是以机械为主要输送工具，但要靠人工进行拣选的方式。其中用得最多的是输送机，有链条式输送机、传送带、辊道输送机等，有的也叫"输送机分拣"。它是利用设置在地面上的输送机传送货物，在各分拣位置配备的作业人员看到标签、色标、编号等分拣的标志，便进行拣选（把货物取出），再放到手边的简易传送带或场地上。还有一种方法称作"箱式托盘分拣"，是在箱式托盘中装入分拣的货物，用叉车等机械移动箱式托盘，再用人力把货物放到分拣位置或借助箱式托盘进行分配。使用较多的是在箱式托盘下面装有车轮的滚轮箱式托盘。这种分拣方式投资不多，可以减轻劳动强度，提高分拣效率。

3.自动分拣

自动分拣是从货物进入分拣系统到被送到指定分配位置为止，都是按照计算机控制装置的指令靠自动分拣系统来完成的。该系统一般由控制装置、计算机网络、输送装置、分拣装置、储存装置等构成。所以，除了用键盘或其他方式向控制装置输入分拣指示信息的作业，其余作业全部由机械自动完成，因此，分拣处理能力强，分拣分类数量也较大，工作效率高。

二、常用的分拣装备

分拣装备是指物资分拣过程中使用的各种技术装备的总称，根据分拣实现方式和方法的不同，分拣装备可分为多种形式。

（一）拣选叉车

拣选叉车是实现人到货分拣方式的一种人工拣选装备。通常用于配送中心不需要整托盘出货，而是按照订单拣选多种品种的货物组成一个托盘出货的作业场景，一般为电动拣选叉车。按照拣选货物的高度，电动拣选叉车可分为低位拣选叉车（2.5m内）和中高位拣选叉车（最高可达10m），承载能力2.0~2.5t（低位）、1.0~1.2t（中高位，带驾驶室提升）。

拣选式叉车的结构主要由起升系统、车身系统、电气系统组成。起升系统由内门架、外门架、货叉架、内滑架、护顶架和护栏等组成。内外门架为焊接件，外门架由两个对称的左右立柱、上横梁、下横梁、门架连接轴等件焊接而成，内门架立柱为J型结构。左、右起升油缸（单作用油缸）下端固定于外门架的立柱上，上端与内门架相连。货叉和人站立脚踏板安装于内滑架上，随内滑架的起升而起升。起升时，内门架在起升油缸活塞的推力下，伸出，带动链轮上升，链条带动滑架以二倍速度沿内门架上升。拣选叉车起升系统的各个主要构件之间，均有相对运动。其中内、外门架组成一运动副，内滑架与内门架组成一运动副。为了提高各运动副的运动精度，减小各运动构件相互间的摩擦力，降低振动噪声，提高货叉架卸货物时电动拣选叉车的侧向稳定性，内外门架及内滑架上的侧滚轮均有调整垫片。

低位拣选叉车是当下仓储配送中心常用的一种设备，非常适合低位拣选的作业特点——操作人员需要不间断的上下车、在不同货位取货，车辆设计充分考虑高效拣选需求，人员站立的底板高度一般不超过200mm，可设计有不同的操作体位，具有灵活的可调拣选平台，一次最多可搬运三托盘货物。

高位拣选叉车的操作者能够随装卸装置一同进行上下运动，而且能够在其两侧作业，因而适用于高层货架库房。其起升高度一般为4~6m，最大可达13m，能够大大提高其空间活动范围。不过，为了安全起见，其运动速度不是很快。

（二）分拣装置

分拣装置也称为分拣机，是专门用于自动分拣货物的装置，是实现货物分类的关键机构，也是构成自动分拣系统的核心装置之一。分拣机的种类很多，从原理上讲，一般可以分为倾倒式、分支式和推出式。根据具体的结构可以设计成不同形式的分拣装置。

1.横向推出式分拣机

使用较多的是钢带式横向推出式分拣机，它是指货物输送到指定的部位靠拨杆的横向转动推挡货物进行分拣。钢带运行速度很高，有的达120m/min，因此分拣能力很大，每小时可达万件以上。一般情况下，分拣的货物不受纸箱、袋装、木箱等包装形态的特殊限制，能用输送机输送的货物可全部使用。但分拣时对物品有一定的冲击。太薄的货物、容易转动的物品、易碎的物品，不宜采用这种方式。而且，分拣能力越高，分拣装置的冲击力就越大，所以必须注意防止物品的损伤。另外，因为运行速度快，分拣口之间须保持较大的间隔，分拣口的设置较少。

有的横向货物分拣装置是由多条短平带输送机并联组成的分拣系统，皮带机运动方向与分拣装置的运动方向垂直，每条皮带机的驱动装置独立，可分别驱动，整套装置由牵引链拖动。该装置对一般货物的分拣具有良好的适应性，但如果货物的重心较高、底面不平整，对装置的正常运行就会有较大的影响。

2.升降推出式分拣机

升降推出式分拣机是从搬运输送机的下侧用浮出装置把货物托起，转一微小坡度，送到输送机外面进行分拣的装置。在分拣时对货物的冲击较小，最适合于分拣底面平坦的纸箱、托盘状的各种货物，但不能分拣很长的或底面不平坦的货物。

3.倾斜式分拣机

倾斜式分拣机可以分为盘式和板式两种，基本结构是搬运输送机本身设有分送装置，货物到达规定的分拣位置，货物所在的盘或板向左或向右翻转倾斜一定的角度（左右倾斜30°）进行分拣。盘式分拣机由于盘的倾翻动作可以互不干涉、同时进行，所要求相邻分拣口的间隔最小，是各种分拣机中可设置分拣口最多的一种形式，而板式分拣机打破了盘与盘之间的界限，可以根据分拣物的尺寸大小，占用一个或数个翻板，对分拣物尺寸适应性大为改观。

4.活动货盘分拣机

活动货盘分拣机由圆管或金属条板组成，每块条板或圆管上都有一个活动的货物托盘做横向运动，当货物到达分类装置出口时，将货物分到指定的岔道实现分类。

5.直落式分拣机

直落式分拣机是通过牵引链驱动的，所输送的货物放在一些底部有活门的托盘上。当托盘到达预定位置后，由分拣系统发出信号，活门打开，货物落入指定的容器。采用这种装置不需要辅助作业就能实现分拣货物的集中。此类装置一般用来对扁平状的货物进行分类，如书籍和扁平包裹等。

6.悬吊式分拣机

悬吊式分拣机是用装在悬吊装置上的钳子或支架吊起物品，输送到指定位置放下物品或转换到另外的分支线路上进行分拣的装置。其动力装置主要是牵引输送式，依靠电动或气动驱动，使分送器开动，把物品放下或将导向棒送入分支路线进行分拣的装置，主要适用于成批货物的分拣。

7.辊子浮出式分拣机

这种分拣装置可与辊子输送机、平带输送机融为一体，放在输送系统的岔口处，作为一种分流装置，在没有分拣任务时，可作为输送机输送货物。该装置在对应岔口的入口处设置了一排短辊子，这些短辊子与主滚道上表面保持水平，可通过气动元件向两侧摆动和浮出主辊道的上平面。这些短辊子通过表面上胶或采用聚氨酯材料增大摩擦力，从而带动货物转向。如果岔道上的辊子是主动辊子并且上了胶，加上采用上述的变向措施，就很容易达到较高的效率。采用这种装置，岔道可与主滚道成45°~90°，在岔道方向与主道成90°的情形时，要在岔道前加一个转速较快的变向辊子来支持输送货物的变向。

8.皮带浮出式分拣机

皮带浮出式分拣机的工作原理与辊子浮出式分拣机一样，不同之处在于滚道中设置的是一条宽度较窄的皮带机。皮带宽又有花纹，摩擦力大，因而使货物改向容易，也使分流速度更快更准确。这种装置多用在输送线中的分流，也可用作分拣。

9.滑块式分拣机

滑块式分拣机是一种特殊的板式输送机，它是通过滑块作用使货物分流来实现货物分拣的。其板面由金属管或板条组成，每块板条或每个管子上各有一块能够做横向运动的导向滑块，导向滑块靠在输送机的侧边上，当分拣货物到达指定道口时，控制器发出指令使导向滑块顺序地向道口方向滑动，把货物推向指定的分岔道口。由于导向滑块向两侧滑动，所以可在输送机两侧设置分拣道口，以节约场地。这类分拣装置的振动小，不损伤货物，适宜各种形状、体积和质量在1~90kg的货物。分拣能力可达每小时12000件，准确率可达99.9%。

第三节　典型分拣装备数智化应用

分拣装备数智化应用是指通过信息化、智能化技术的应用，实现货物分拣装备的数字化和智能化，提高物资分拣的准确度和作业效率。本节重点介绍多层料箱机器人和自动分拣系统两个数智化应用典型案例。

一、多层料箱机器人

（一）基本结构

多层料箱机器人是以周转箱或原箱为搬运单元，具有自主移动能力，可实现料箱智能拣选、存取、多料箱同时搬运等功能的智能物流装备，如图6-2所示。在现代物流和智能仓储系统中具有显著优势，特别适用于高密度存储和快速拣选等应用场景，可替代堆垛机等搬运机械，所以也称为箱式仓储机器人，其搬运效率高，可大大节省人力成本。

图6-2　多层料箱机器人示意

多层料箱机器人一般由机器人本体、传感器和调度控制系统等组成，如图6-3所示。机器人本体包括行走机构、夹抱机构、背篓单元、支架等，是机器人的主要机械装置，完成料箱的存取和搬运；传感器包括视觉传感器、激光传感器和力传感器等，为机器人提供准确的位置、速度和力矩信息，支撑机器人实现自主导航、料箱识别和抓取；调度控制系统是机器人的大脑，根据预设的程序和任务，控制机器人的运行轨迹、抓取作业和堆垛顺序。

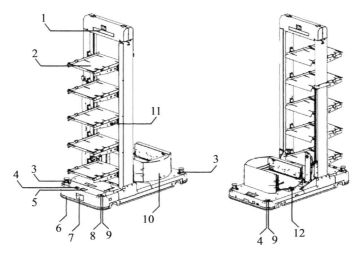

1-状态指示灯　2-背篓单元　3-轮廓激光传感器（前/后各1个）　4-急停按钮
5-液晶显示屏　6-安全触边（碰撞条）　7-充电口　8-电源开关　9-复位按钮
10-夹抱机构（夹取料箱）　11-支架　12-读码相机（读取料箱货码）

图6-3　多层料箱机器人结构组成

（二）技术参数

多层料箱机器人的主要技术参数如表6-1所示。

表6-1　　　　　　　　　　　　　多层料箱机器人主要技术参数

项目名称		技术参数
基本参数	导引方式	二维码/激光SLAM/视觉SLAM
	额定负载（kg）	50（单箱）
	可同时背负背篓数量	≥4（可定制）
	通信方式	无线通信

续表

项目名称		技术参数
执行机构	搬运料箱尺寸（mm）	600×400×（130~300）
	取货方式	旋转夹抱式
	提升速度（m/s）	0.5
	停止精度（mm）	±3
运动性能	运行速度（m/s）	0~1.8
	定位精度（mm）	±10
	驱动方式	差速驱动
	行驶方向	双向行驶
	旋转能力	原地360°旋转
安全防护	激光避障	具有，前后侧各一处
	碰撞条检测	具有
	料箱有无检测	具有
	执行机构障碍检测	具有
	声光告警	具有
	急停按钮	具有
电池参数	电池类型	磷酸铁锂
	额定电压（V）	48
	充电方式	自动在线充电
	充电循环次数	完全充放电1500次
	额定工况下工作时间（h）	6~8
	充电时间（h）	≤2
其他	手动操作	具备
	工作噪声（dB）	75

多层料箱机器人具有以下特点。

（1）智能拣选搬运：自主拣选、智能搬运、自主导航、自主充电、定位精度高。

（2）多料箱搬运：每台机器人可一次性存取多个料箱，减少无效跑动，提高效率。

（3）存储密度高：窄巷道作业，货架通道预留空间小，能够实现货位的密集存储，提高存储量。

（4）超灵活对接：灵活对接多种设备，包含辊筒线、货架、人工工作站等作业平台，可以有效连接生产环节，应用场景广泛。

（5）柔性运动控制：速度可达1.8m/s；支持前进、后退、原地旋转。

（6）多重安全防护：前/后激光避障、碰撞条、急停按钮、声音告警等多项安全防护。

（7）良好的人机交互：配置触摸屏，可实时显示车辆及任务信息，支持手动控制各执行机构等。

（8）产品适应性好：可定制支持不同尺寸、材质的料箱取放。

（三）主要功能

多层料箱机器人调度控制系统可完成多层料箱机器人的环境建模、控制调度、路径规划，同时提供标准的数据接口与上层系统进行数据交互和协同工作，具体功能如下。

1.任务分配

任务分配是调度控制系统的核心功能之一。系统会根据生产计划和实时订单生成搬运任务，然后将这些任务分配给最适合的多层料箱机器人。任务分配需要考虑多种因素，包括机器人的当前位置、负载能力、任务优先级和电池状态等。确保每一台机器人都能高效完成任务，减少等待时间和能量消耗。

2.路径规划

路径规划是确保多层料箱机器人高效运行的重要环节。调度系统会根据任务需求和实时环境数据，为每台机器人规划更优路径。路径规划需要考虑设备之间的避让、交通流量和动态障碍物等因素，确保在执行任务时不发生碰撞和拥堵。通过智能算法，系统能够动态调整路径，优化行驶路线，提高运行效率。

3.可视化地图管理

可视化地图管理是调度控制系统的关键功能之一。根据现场环境和设备情况进行环境建模和地图构建，再通过传感器和局域网通信技术，实时获取每台多层料箱机器人的位置、速度、状态等数据。通过实时监控，调度系统可以及时发现并处理异常情况，如故障、交通拥堵等，确保机器人的正常运行，并帮助系统进行数据分析和优化，提高整体系统的性能和稳定性。可视化地图管理界面如图6-4所示。

4.动态调整

调度控制系统具备灵活的动态调整能力。系统会根据实时数据和环境变化，动态调整多层料箱机器人的任务和路径，确保生产流程的连续性和高效性。当某个区域出现拥堵时，系统会及时调整运行路径，避免交通拥堵。动态调整还包括应对突发事件，如设备故障或紧急任务插入，确保系统的灵活性和可靠性。

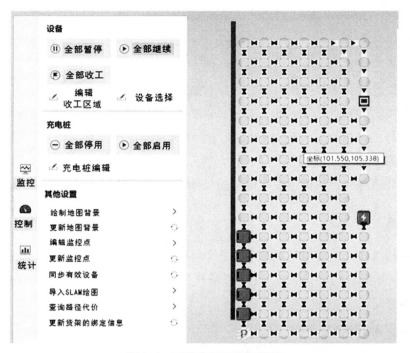

图6-4　可视化地图管理界面

5.充电调度

系统根据现场生产节奏、设备电量情况，智能调度多层料箱机器人自动充电。通过调整参数配置，实现忙闲调度、差值调度、分时段调度，提高全场机器人整体平均电量，保证设备连续作业运行。

6.故障处理

故障处理是调度控制系统保障系统稳定性的关键功能。系统通过实时监控多层料箱机器人的运行状态，及时发现并处理故障。当某台机器人发生故障时，系统会立即发出警报，并安排其他机器人接替其任务，确保生产流程的连续性。故障处理还包括对故障原因的分析和修复建议，帮助维护人员快速解决问题。

7.设备管理

设备管理是对所有设备进行管理，包含设备上线、下线及设备查询功能。

8.设备监控

展示所有机器人的运行状态、任务信息和设备运行参数，包括设备状态、任务状态、当前所在位置、设备电量、运行速度、任务耗时等；显示设备具体异常信息，支持对设备下发动作指令，帮助快速排查并处理设备异常。

9.泊车调度

设备空闲无任务时，系统根据泊车策略调度小车，便于小车在有任务时可以最短距离执行搬运。

（四）应用案例

中国航天第九研究院第十六研究所（西安航天精密机电研究所）在某料箱多穿立体库项目中使用多层料箱机器人设计了智能出入库搬运系统。该系统以600mm×400mm×300mm料箱为物资载具，搭配仓储管理系统WMS和机器人调度控制系统，针对物资出入库转运需求，部署了多台多层料箱机器人，智能出入库搬运系统功能区布局如图6-5所示，多层料箱机器人运行轨迹覆盖库前理货区域，灵活对接料箱缓存货架、整箱出入口、人工拣选站台等，有效连接物料分拣配送的各个环节。

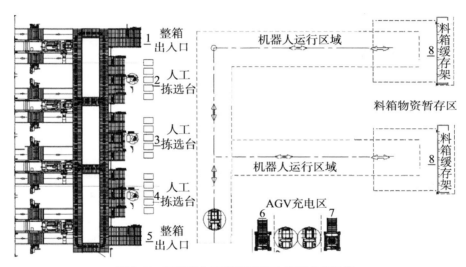

图6-5　智能出入库搬运系统功能区布局示意

多层料箱机器人主要基于自动控制技术、传感器技术和先进的导航技术，实现料箱智能拣选、存取、多料箱同时搬运作业，其主要工作流程具体如下。

1. 任务接收与路径规划

（1）任务接收。当多层料箱机器人接收到搬运任务后，会通过车载控制器对任务进行分析和处理，确定搬运的目标位置和路径。

（2）路径规划。根据目标位置和当前位置，多层料箱机器人利用导航系统进行路径规划。依托多种传感器（如激光雷达、摄像头、超声波传感器等）的实时数据输入，以及先进的路径规划算法来评估最优路径。同时考虑货物的优先级、道路的拥堵情况、障碍物位置等多种因素，确保任务的高效执行。

2. 移动控制

（1）驱动与导向。在确定最优路径后，多层料箱机器人会通过驱动装置（如电机、伺服马达等）控制轮子的运动，实现自主移动。其导向系统（包括机器人本体、电机、传感器等）能实时感知周围环境，确保机器人沿着规划好的路径行驶。

（2）动态调整。在移动过程中，多层料箱机器人会不断更新自身的位置信息，并通过传感器持续监测周围环境的变化。如遇到障碍物或需要调整路径的情况，机器人会及时作出反应，调整行驶速度和方向，确保安全。

3.货物搬运

（1）抓取与释放。当多层料箱机器人到达目标位置后，通过夹抱机构抓取货物。夹抱机构为旋转伸缩货叉，支持双侧立体存取。

（2）运输与定位。在将货物搬运到目的地的过程中，多层料箱机器人会继续保持对货物的监控和定位，确保货物不会脱落或损坏。同时，机器人也会继续感知周围环境的变化，以避免与其他物体或人员发生碰撞。

4.任务完成与反馈

（1）释放货物。当多层料箱机器人将货物安全运送到目的地后，会释放货物，将料箱放入指定存储位，并通过通信系统向调度控制系统发送任务完成信号。

（2）任务调度。调度控制系统会根据收到的信号更新任务状态，并为多层料箱机器人分配新的任务。

该系统打通了物资整箱入库—拣选出库—空箱供给—收集缓存等全流程作业环节，实现了料箱立体库多区域间联动，可完成料箱物资的全自动化出入库，助力仓库实现智慧化转型。

二、自动分拣系统

（一）自动分拣系统的组成

自动分拣系统一般由收货输送机、喂料输送机、分拣指令设定装置、合流装置、分拣输送机、分拣卸货道口、计算机控制器七部分组成，如图6-6所示。

1.收货输送机

运输车辆运送来的货物被放在收货输送机上，经检查验货后送入分拣系统。在比较大型的物流配送中心里，往往采用多条输送带组成收货输送机系统，以供几辆、几十辆乃至百余辆卡车同时卸货，以达到吞吐量大的要求，提高自动分拣机的分拣量。这些输送机多是辊子式和带式输送机，特别是辊子输送机，具有积放功能，即当前面的货物遇阻时，后继货物下面的辊道会自动停转，使货物得以在辊道输送机上暂存，解除阻力后自动继续前进。有些配送中心使用了伸缩式输送机，它能伸入卡车车厢内，从而大大减轻装卸人员搬运作业的劳动强度。

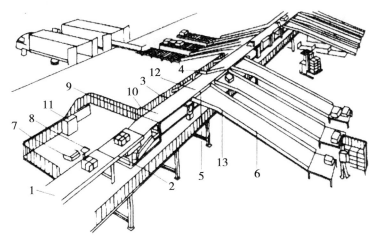

1–输入输送带　2–喂料输送带　3–钢带输送带　4–括板式分流器　5–送出辊道　6–分拣道口
7–信号给定器　8–激光读码器　9–通过检出器　10–磁信号发生器　11–控制器
12–磁信号读取器　13–满量检出器

图6-6　自动分拣系统示意

2.合流输送机

大规模的分拣系统因分拣数量较大，往往由2~3条传送带输入被拣物品，它们在分别经过各自的分拣信号设定装置后，必须经过合流装置合流到同一输送带上。合流装置是由辊柱式输送机组成，它能让到达汇合处的货物依次通过。

3.送喂料输送机

货物在进入某些自动分拣机前，要经过送喂料机构。它的作用有两个：一是依靠光电管的作用，使前、后两货物之间保持一定的间距（最小为250mm）、均衡地进入分拣传送带；二是使货物逐渐加速到分拣机主输送机的速度。

其中，第一阶段输送机是间歇运转的，它的作用是当货物上分拣机时，保证满足货物间的最小间距。由于该段输送机传送速度一般为0.6m/s左右，而分拣机传送速度的驱动均采用直流电动机无级调速。由速度传感器将输送机的实际带速反馈到控制器，进行随机调整，保证货物在第三段输送机上的速度与分拣输送机完全一致。这是自动分拣机成败的关键之一。

4.分拣指令设定装置

自动分拣机上移动的货物，向哪个道口分拣，通常需要在待分拣的货物上贴上标有到达目的地标记的票签，或在包装箱上写上收货方的代号。并在进入分拣机前，先由信号设定装置把分拣信息（如配送目的地、用户名等）输入计算机中央控制器。

在自动分拣系统中，分拣信息转变成分拣指令的设定方式有以下几种。

（1）人工键盘输入方式。

操作员将货物包装箱上粘贴的标签或书写的号码，在键盘上输入。一般键盘为十码键，键盘上有0到9数字键和重复、修正等键。键盘输入方式操作简单、费用低、限制条件少，但操作员必须注意力集中，劳动强度大，易出差错（看错、键错），据国外研究资料，差错率为1／300，而且键入的速度一般只能达到1000~1500件／小时。

（2）声控方式。

首先需将操作员的声音预先输入控制器电脑中，当货物经过设定装置时，操作员将包装箱上的票签号码依次读出，计算机将声音接收并转为分拣信息，发出指令，传送到分拣系统的各执行机构。

声音输入法与键盘输入法相比，速度要快些，可达3000~4000件／小时，操作员较省力，双手腾出来还可做其他工作。但由于需事先储存操作员的声音，当操作员偶尔因咳嗽声哑等，就会发生差错。据国外物流企业实际使用情况介绍，声音输入法经常出现故障，使用效果不理想。

（3）激光自动阅读物流条码方式。

被拣物品包装上贴（印）有代表物流信息的条码。在输送带上通过激光扫描器（Laser Scanner），自动识别条码上的分拣信息，输送给控制器控制执行机构实现分拣。

由于激光扫描器的扫描速度极快，达100~120次／秒，来回对条码扫描，方能将输送机上高速移动货物上的条码正确读出。激光扫描条码方式费用较高，物品需要物流条码配合，但输入速度快，可与输送带的速度同步，达5000件／小时以上，差错率极小，规模较大的配送中心都采用这种方式。

（4）计算机程序控制方式。

根据各用户需要物品品种和数量，预先编好合计程序，把全部分拣信息一次性输入计算机，控制器即按程序执行。

计算机程序控制是最先进的方式，它需要与条码技术结合使用，而且还须置于整个企业计算机经营管理系统之中。一些大型的现代化配送中心把各个用户货单一次输入计算机，在计算机的集中控制下，物品货箱从货架上被拣选取下，在输送带上由条码喷印机喷印条码，然后进入分拣系统，全部配货过程实现自动化。

5.分拣传送装置及分拣机构

它是自动分拣机的主体，包括两个部分：分拣传送装置和分拣机构。前者的作用是把被拣货物送到设定的分拣道口位置；后者的作用是把被拣货物推入分拣道口。各种类型的分拣机，其主要区别就在于采用不同的传送工具（如钢带输送机、胶带输送机、托盘输送机、辊子输送机等）和不同的分拣机构（如推出器、浮出式导轮转向器、倾盘机构等）。上述传送装置均设带速反锁器，以保持带速恒定。

6.分拣卸货道口

分拣卸货道口是用来接纳由分拣机构送来的被拣货物的装置，它的形式各种各样，主要取决于分拣方式和场地空间。一般采用斜滑道，其上部接口设置动力辊道，把被拣物品"拉"入斜滑道。

斜滑道可看作是暂存未被取走货物的场所。当滑道满载时，由光电管控制、阻止分拣货物再进入分拣道口。此时，该分拣道口上的"满载指示灯"会闪烁发光，通知操作人员赶快取走滑道上的货物，消除积压现象。一般自动分拣系统还设有一条专用卸货道口，汇集"无法分拣"和因"满载"无法进入设定分拣道口的货物，以作另行处理。有些自动分拣系统使用的分拣斜滑道在不使用时可以向上吊起，以便充分利用分拣场地。

7.计算机控制系统

计算机控制系统是自动分拣系统的"大脑"，负责向分拣机的各个执行机构传递分拣信息，并控制整个分拣系统运行。自动分拣的实施主要靠它把分拣信号传送到相应的分拣道口，并指示启动分拣装置，把被拣货物推入道口。分拣机控制方式通常用脉冲信号跟踪法。

送入分拣运输机的货物，经过跟踪定时检测器并根据计算机存储的信息，计算出到达分拣道口的距离及相应的脉冲数。当被拣货物在输送机上移动时，安装在该输送机轴上的脉冲信号发生器产生脉冲信号并计数。当计数值达到计算值时，立即输出启动信号，使分拣机构动作，货物被迫改变移动方向，滑入相应的分拣道口。

（二）自动分拣系统的工作过程

货物到达分拣点以前，先要经过收货输送、合流、分拣信号设定、分拣和分流、分运等工作过程；到达分拣点时，通过对分拣过程进行控制，发出指令把货物传送到分拣机上，再由分拣机的瞬时动作将货物分拣到指定的滑道，使其分流。

1.合流

货物在进入分拣系统前，应在货物的外包装上贴上或打印上表明货物品种、规格、数量、货位、货主等的标签。根据标签上的代码，在货物入库时，可以知晓入库的货位，在输送货物的分叉处，正确引导货物的流向，入库设备可以按照代码把货物存入指定的货位。当货物出库时，标签可以引导货物流向指定的输送机的分支上，以便集中发运。货物进入分拣系统，可用人工搬运或机械化、自动化搬运方式，也可以通过多条输送线进入分拣系统。经过合流逐步将各条输送线上输入的货物，合并于一条汇集输送机上，同时，将货物在输送机上的方位进行调整，以适应分拣信号输入和分拣的要求。汇集输送机具有自动停止和启动的功能，如果前端分拣信号输入装置偶然发生事故，或货物和货物连接在一起，或输送机上货物已经满载时，汇集输送机就会自动停止，等恢复正常后再自行启动，所以它也起到缓冲的作用。

2.分拣信号设定

为了把货物按要求分拣出来，并送到指定地点，一般需要将分拣信息转变为分拣指令，分拣指令的设定有以下几种方式。

（1）人工键盘输入，劳动强度大，易出错。

（2）声音控制输入，劳动强度小，易出现故障，效果不理想。

（3）条码扫描输入，费用较高，输入速度快，差错极少。

（4）计算机程序控制，最先进，可以使配货过程完全自动化。

3.分拣和分流

货物离开分拣信号输入装置后在分拣输送机上移动时，根据不同货物分拣信号所确定的移动时间，使货物行走到指定的分拣道口，由该处的分拣机构按照上述的移动时间自行启动，将货物排离主输送机，再进入分流滑道。大型分拣输送机，可以高速度地把货物分送到数十条输送分支上去。分拣机的控制系统采用程序逻辑控制合流、分拣信息输入、分拣和分流等全部作业，目前普遍采用的是计算机或以若干个微处理机为基础的控制方式。

4.分运

分拣出的货物离开主输送机，再经滑道到达分拣系统的终端，就是分运。分运所经过的滑道一般是无动力的，借货物的自重从主输送机上滑行下来。在各个滑道的终端，由操作人员将货物搬入容器或搬上车辆。

 **知识拓展**

条码扫描器与射频读写器

一、条码扫描器

条码扫描器通常也称为条码扫描枪／阅读器，是用于读取条码所包含信息的设备。条码扫描器通常由光源、接收装置、光电转换部件、译码电路、计算机接口等部分组成。其工作原理是由光源发出的光线经过光学系统照射到条码符号上面，被反射回来的光经过光学系统成像在光电转换器上，经译码器转换为计算机可以直接接收的数字信号。

按照读取码制，条码扫描器可分为一维和二维条码扫描器。

按扫描原理，条码扫描器可分为光笔扫描器、CCD扫描器、激光扫描器、影像型红光扫描器。

按外部结构，条码扫描器可分为手持式条码扫描器、小滚筒式条码扫描器、平台式条码扫描器。还有大幅面扫描用的大幅面条码扫描器、笔式条码扫描器、底片条码扫描器、实物条码扫描器，以及主要用于行业印刷排版领域的滚筒式条码扫描器等。

按接口类型，条码扫描器可分为SCSI（小型计算机标准接口）、EPP（增强型并行接口）、USB（通用串行总线接口）和PS2（键盘接口）等类型。

光学分辨率是条码扫描器的光学部件在每平方英寸面积内所能捕捉到的实际的光点数，是指条码扫描器CCD（或者其他光电器件）的物理分辨率，也是条码扫描器的真实分辨率，其数值是由光电元件所能捕捉的像素点除以条码扫描器水平最大可扫尺寸得到的数值。如分辨率为1200dpi的条码扫描器，往往其光学部分的分辨率只占400~600dpi。扩充部分的分辨率由硬件和软件联合生成，这个过程是通过计算机对图像进行分析、对空白部分进行数学填充所产生的，这一过程也叫插值处理。

二、射频读写器

射频读写器即射频标签读写设备，是射频识别系统的两个重要组成部分（标签与读写器）之一。

1.主要功能

（1）实现与射频标签的通信。对标签进行读数，或者对标签进行数据写入。

（2）给标签供能。对于被动式或者半被动式的标签，读写器可以提供能量来激活射频场周围的电子标签；阅读器射频场所能达到的范围主要由天线的大小以及阅读器的输出功率决定。

（3）实现与计算机网络的通信，并为上位机提供一些必要的信息。

（4）实现多标签识别。读写器能够正确地识别其工作范围内的多个标签。

（5）实现移动目标识别。读写器不但可以识别静止不动的物体，也可以识别移动的物体。

（6）实现错误信息提示。对于在识别过程中产生的一些错误，读写器可以发出一些提示。

（7）对于有源标签，读写器能够读出有源标签的电池信息，如电池的总电量、剩余电量等。

2.基本组成

典型的射频读写器一般由天线、射频接口模块和逻辑控制模块三部分构成。

（1）天线。是发射和接收射频载波信号的设备，主要负责将读写器中的电流信号转换成射频载波信号并发送给电子标签，或者接收标签发送过来的射频载波信号并将其转化为电流信号，读写器的天线可以外置也可以内置。

（2）射频接口模块。主要包括发射器、射频接收器、时钟发生器和电压调节器等。该模块是读写器的射频前端，同时也是影响读写器成本的关键部件，主要负责射频信号的发射及接收。其中的调制电路负责将需要发送给电子标签的信号加以调制，然后再发送；解调电路负责解调标签送过来的信号并进行放大；时钟发生器负责产生系统的正常工作时钟。

（3）逻辑控制模块。是读写器工作的控制中心、智能单元，是读写器的"大脑"，读写器在工作时由逻辑控制模块发出指令，射频接口模块按照不同的指令做出不同的操作。主要包括微控制器、存储单元和应用接口驱动电路等。微控制器可以完成信号的编解码、数据的加解密以及执行防碰撞算法；存储单元负责存储一些程序和数据；应用接口负责与上位机进行输入或输出的通信。

3. 接口形式

射频读写器的I/O接口形式主要有RS-232串行接口、RS-485串行接口、以太网接口和USB接口四种。

4. 工作方式

射频读写器主要有两种工作方式，一种是读写器先发言方式（Reader Talks First，RTF），另一种是标签先发言方式（Tag Talks First，TTF）。一般情况下，电子标签处于等待或休眠状态，当电子标签进入读写器的作用范围被激活以后，便从休眠状态转为接收状态，接收读写器发出的命令，进行相应的处理，并将结果返回给读写器。这类接收到读写器特殊命令后电子标签才发送数据的工作方式就是RTF方式；与此相反，进入读写器的能量场即主动发送数据的工作方式即为TTF方式。

5. 读写器的分类

（1）按接触方式分。读写器分为接触式读写器、非接触式读写器、单界面读写器和双界面读写器以及多卡座接触式读写器。

（2）按接口分。读写器从接口上来看主要有串口读写器、并口读写器、USB读写器、PCMCIA卡读写器和IEEE 1394读写器。前两种读写器由于接口速度慢或者安装不方便已经基本被淘汰了，USB读写器是目前市场上最流行的读写器。

（3）按频率分。从射频频率上分：低频阅读器、高频阅读器、超高频读写器、双频读写器、433MHz有源读写器、微波有源读写器等。

✏️ **复习思考题**

1.分拣的目的是什么？分拣有哪几种常用的方式？

2.常用的分拣装备有哪几类？

3.自动分拣系统有什么特点？

4.自动分拣系统分拣指令设定有哪几种方式？

5.自动分拣系统是如何进行分拣工作的？

6.自动分拣系统适用于什么场景？

7.多层料箱机器人有什么优点？如何利用它实现货物的自动分拣？

参考文献

［1］何黎明.中国物流技术发展报告（2020）［M］.北京：中国财富出版社有限公司，2024.

［2］何黎明.中国物流技术发展报告（2023）［M］.北京：中国财富出版社有限公司，2021.

［3］金跃跃，刘昌祺，刘康.现代化智能物流装备与技术［M］.北京：化学工业出版社，2020.

［4］李晓霞.物流技术与装备［M］.北京：人民交通出版社股份有限公司，2022.

［5］贾争现，冯丽帆.物流配送中心规划与设计［M］.4版.北京：机械工业出版社，2019.

［6］魏学将，王猛，张庆英.智慧物流概论［M］.北京：机械工业出版社，2020.

［7］邹霞.智能物流设施与设备［M］.北京：电子工业出版社，2020.

［8］缪兴锋，别文群，林钢，等.智能物流技术［M］.北京：中国人民大学出版社，2021.

［9］过秀成.交通运输工程学［M］.北京：人民交通出版社股份有限公司，2017.

［10］吴晓.交通运输设备［M］.北京：人民交通出版社股份有限公司，2015.

［11］贾坤，黄平，肖铮.物联网技术及应用教程［M］.北京：清华大学出版社，2018.

［12］王猛，魏学将，张庆英.智慧物流装备与应用［M］.北京：机械工业出版社，2021.

［13］李欣.航空投送转运物流系统集成应用研究［M］.北京：中国财富出版社，2018.

［14］王益友.航空物流［M］.北京：清华大学出版社，2015.

［15］吴功宜，吴英.物流网技术与应用［M］.2版.北京：机械工业出版社，2018.

［16］何杰.物流信息技术［M］.2版.南京：东南大学出版社，2017.

［17］王晓平.物流信息技术［M］.2版.北京：清华大学出版社，2017.

［18］刘红，郑剑.船舶原理［M］.2版.上海：上海交通大学出版社，2020.

［19］段满珍.集装箱运输与多式联运［M］.北京：北京交通大学出版社、清华大

学出版社，2021.

［20］王志伟.运输包装［M］.北京：中国轻工业出版社，2020.

［21］王程，刘振华，赵吉敏，等.智能包装在军用食品包装领域的应用［J］.包装工程，2019，40（23）：223-230.

［22］李仕洪，李宏位，李国会.工业炸药产品入库自动装卸车系统的设计［J］.爆破器材，2018，47（4）：49-54.

［23］胡祯，杨志军.箱装产品自动装卸车技术发展现状［J］.机电工程技术，2021，50（2）：15-18.

［24］王旭斌.多穿系统在医药物流中心的应用创新［J］.物流技术与应用，2020，25（S1）：30-32.